特別支援教育ベーシック

Basics on Special Needs Education

坂本　裕 編著

明治図書

　本書は，特別支援教育に関する入門テキストとして，岐阜大学教育学部・教育学研究科において特別支援教育に関する教員養成を担当するスタッフが中心となり，総力をあげて執筆にあたったものである。

　障害者の人権及び基本的自由の享有を確保し，障害者の固有の尊厳の尊重を促進することを目的として，障害者の権利の実現のための措置などについて定めた「障害者の権利に関する条約」が国連で採択されて14年が経過した。わが国においても2014年にこの条約の批准を行い，それに伴う法整備が順次なされてきた。こういった流れを受け大学の教職課程においても教育職員免許法施行規則の一部を改正する省令により，2019年度からは教員免許取得者すべてが「特別の支援を必要とする幼児，児童及び生徒に対する理解」を1単位以上修得することが必修となった。このように，特別支援学校はもちろんであるが，それ以外の学校においても，インクルーシブ教育システムの充実と発展が強く求められる時代となっている。

　本書はこうした国内外の動向を踏まえたうえで，それぞれの最先端の内容をわかりやすく，コンパクトに提示するものとなっている。本書が多くの読者を得，日本の教育の歩みに一途の光明を指し示す内容となることを期待している。

2021年1月
岐阜大学教育学部長・教育学研究科長

別 府 　 哲

············ 序 文 ············

　本書は，特別支援学校教諭一種免許状（視覚障害・聴覚障害・知的障害・肢体不自由・病弱）に対応する内容で構成した特別支援学校教員養成用テキストである。合わせて，特別支援学校ならびに特別支援学級の初任者研修などでも活用いただけるよう，特別支援教育に関わる基礎的な内容を中心に執筆している。

　本年2021年は，わが国の近代的学校制度の端緒となった学制に「其外廃人学校アルヘシ」と障害のある子どもたちの学校が初めて規定されてから150年目の節目を迎える。この150年にわたる特殊教育・特別支援教育の歩みにおいて，近年，少子化が進むなかにあっても，特別支援学校，特別支援学級，通級による指導において学ぶ児童生徒数は増加の一途を辿っている。加えて，通常の学級に在籍する児童生徒への特別な配慮もその必要度が高まっている。この背景には第3期教育振興基本計画「方針4　誰もが社会の担い手となるための学びのセーフティネットを構築する」「目標15　多様なニーズに対応した教育機会の提供」に象徴されるように，これまで以上に多様なニーズにきめ細やかに対応しようとする教育界の機運の高まりがある。こうしたわが国の教育界の指向に本書が役立つことがあれば幸いである。

　本書の出版に際し，わが国の自閉症研究の権威であり，特別支援学校教員養成にご示唆をいただいている岐阜大学教育学部長・教育学研究科長の別府哲先生に推薦文をいただくことができた。そして，明治図書の及川誠様に教育図書出版に定評のある明治図書から本書を出版する機会を与えていただいた。この場を借りて，お礼を申し上げたい。

2021年2月

岐阜大学大学院教育学研究科教授

坂　本　　裕

Contents

推薦文・序文

第 **3** 章 視覚障害者の教育

第 **6** 章　肢体不自由者の教育

第 **7** 章　病弱者の教育

第8章 情緒障害者・言語障害者の教育

第 11 章　特別支援教育研究法

BASIC

第**1**章

特別支援教育の制度

1 特別支援教育

1 特別支援教育の理念 ··

　わが国における特別支援教育は，2007年4月に施行された改正学校教育法に特別支援教育が位置づけられたことを受け，同日，文部科学省が発出した「特別支援教育の推進について（通知）」がその端緒となっている。この通知において，特別支援教育は次のように定義されている。

> 　特別支援教育は，障害のある幼児児童生徒の自立や社会参加に向けた主体的な取組を支援するという視点に立ち，幼児児童生徒一人一人の教育的ニーズを把握し，その持てる力を高め，生活や学習上の困難を改善又は克服するため，適切な指導及び必要な支援を行うものである。

　この定義において注目すべきことは，「主体的な取組を支援する」ことや「その持てる力を高め」ることが強調されていることである。通常の学級の教育においては，（日本国として）"付けたい力"を明確にし，確実にその力を付けていくことが何にも増して教師がなすべきこととなる。それに対し，特別支援教育においては，その子の「持てる力」，すなわち，"今，できること"や"今，できそうなこと"がより確かな力となるよう，何事にも自分から自分で取り組もうとする幼児児童生徒の姿を支えて育んでいくことが，教師には何よりもなすべきこととなる。

　そして，その対象は次のように示され，特別支援学校，特別支援学級だけではなく，通常の学級においても対応しなければならないことが明示された。

> 　特別支援教育は，これまでの特殊教育の対象の障害だけでなく，知的な遅れのない発達障害も含めて，特別な支援を必要とする幼児児童生徒が在籍する全ての学校において実施されるものである。

　わが国の2019年度の学習人口は図1－1のようである[4]。このうち，特別

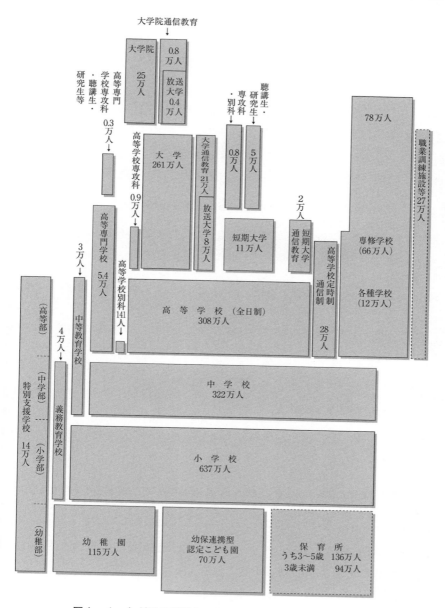

図1－1　わが国の学習人口（文部科学省，2020　筆者一部編集）

支援学校に在籍する幼児児童生徒，特別支援学級に在籍する児童生徒，通級による指導を受けている児童生徒は表1－1のように，総数523,145人（3.50%）である[3]。特別支援学校には143,379人（0.96%）が在籍しており，その48.0%は高等部段階の在籍者である。そして，特別支援学級には256,671人（1.72%）が在籍しており，義務教育段階のみではあるが，特別支援学校の対1.79倍となっている。通級による指導を受けている児童生徒は123,095人（0.82%）であり，その88.0%は児童である。なお，通常の学級に在籍する発達障害の可能性のある児童生徒は6.5%と想定されている[1]。

表1－1　特別支援学校在籍者数・特別支援学級在籍者数・通級による指導を受けている児童生徒数（2019年度）

	幼稚園・幼保連携型認定こども園・特別支援学校幼稚部	小学校・特別支援学校小学部	中学校・特別支援学校中学部	高等学校・特別支援学校高等部	計
総数	人 1,813,278	人 6,494,115	人 3,309,312	人 3,320,594	人 14,937,299
特別支援学校	1,440 (0.08%)	42,928 (0.66%)	30,126 (0.91%)	68,885 (2.07%)	143,379 (0.96%)
特別支援学級	—	184,474 (2.84%)	72,197 (2.18%)	—	256,671 (1.72%)
通級による指導	—	108,306 (1.67%)	14,281 (0.43%)	508 (0.02%)	123,095 (0.82%)
合計	1,440 (0.08%)	335,708 (5.17%)	116,604 (3.52%)	69,393 (2.09%)	523,145 (3.50%)

＊平成30年度特別支援教育資料（文部科学省，2020）をもとに作成
＊小学校には義務教育学校前期課程，中学校には義務教育学校後期課程及び中等教育学校前期課程，高等学校には中等教育学校後期課程を含める

　そして，こうした幼児児童生徒との教育活動を行う上での留意事項は次のように記されている。

　各学校は，障害のある幼児児童生徒が，円滑に学習や学校生活を行うことができるよう，必要な配慮を行うこと。

　この留意事項から，学校は特別な支援を必要とする幼児児童生徒にとって，"友達や教師と生活する心地よい場"となるように心血を注がなければならないのである。そして，教師は"支えを必要とする子どもたち一人一人を過不足なく支える大人"となるべく，心を砕くことが肝要となる。

❷ 特別支援教育の制度

　わが国の公教育の根本法である教育基本法には，特別支援教育に関わって次のように規定がなされている。

> 教育基本法第4条2
> 　国及び地方公共団体は，障害のある者が，その障害の状態に応じ，十分な教育を受けられるよう，教育上必要な支援を講じなければならない。

　そして，特別支援学校，特別支援学級，通級による指導は，学校教育法で次のように規定がなされている。

> 学校教育法第72条
> 　特別支援学校は，視覚障害者，聴覚障害者，知的障害者，肢体不自由者又は病弱者（身体虚弱者を含む。以下同じ。）に対して，幼稚園，小学校，中学校又は高等学校に準ずる教育を施すとともに，障害による学習上又は生活上の困難を克服し自立を図るために必要な知識技能を授けることを目的とする。

> 学校教育法第81条
> 　幼稚園，小学校，中学校，義務教育学校，高等学校及び中等教育学校においては，次項各号のいずれかに該当する幼児，児童及び生徒その他教育上特別の支援を必要とする幼児，児童及び生徒に対し，文部科学大臣の定めるところにより，障害による学習上又は生活上の困難を克服するための教育を行うものとする。
> ②　小学校，中学校，義務教育学校，高等学校及び中等教育学校には，次の各号のいずれかに該当する児童及び生徒のために，特別支援学級を置くことができる。
> 　一　知的障害者　　二　肢体不自由者　　三　身体虚弱者　　四　弱視者
> 　五　難聴者
> 　六　その他障害のある者で，特別支援学級において教育を行うことが適当なもの
> ③　前項に規定する学校においては，疾病により療養中の児童及び生徒に対して，特別支援学級を設け，又は教員を派遣して，教育を行うことができる。

> 学校教育法施行規則第140条
> 　小学校，中学校若しくは義務教育学校又は中等教育学校の前期課程において，次の各号のいずれかに該当する児童又は生徒（特別支援学級の児童及び生徒を除く。）のうち当該

障害に応じた特別の指導を行う必要があるものを教育する場合には，文部科学大臣が別に定めるところにより，第五十条第一項（第七十九条の六第一項において準用する場合を含む。），第五十一条，第五十二条（第七十九条の六第一項において準用する場合を含む。），第五十二条の三，第七十二条（第七十九条の六第二項及び第百八条第一項において準用する場合を含む。），第七十三条，第七十四条（第七十九条の六第二項及び第百八条第一項において準用する場合を含む。），第七十四条の三，第七十六条，第七十九条の五（第七十九条の十二において準用する場合を含む。）及び第百七条（第百十七条において準用する場合を含む。）の規定にかかわらず，特別の教育課程によることができる。

一　言語障害者　　二　自閉症者　　三　情緒障害者　　四　弱視者
五　難聴者　　　　六　学習障害者　七　注意欠陥多動性障害者
八　その他障害のある者で，この条の規定により特別の教育課程による教育を行うことが
　　適当なもの

2　インクルーシブ教育システム

■ インクルーシブ教育システム ･･････････････････････････････････････

インクルーシブ教育システムの根幹をなす“インクルージョン”は，地球上のすべての人たちが健康で文化的な生活を実現することができるように，人種や性別，年齢，障害の有無などに関わりなく，同じ社会の構成員として“包含（インクルーシブ）”していくことを主眼とする。そのため，“インクルーシブ教育”は，基本的には障害のある子どもと障害のない子どもが“同じ生活の場”で教育を受けることになる。しかし，“同じ生活の場”で教育しても，インクルーシブ教育の達成ではない。子どもたち個々が持てる力を存分に発揮できる教育の制度や仕組みを検討していくことが不可欠になる。そうした教育制度や仕組みがインクルーシブ教育システムとなり，多様な学びの場の設定，弾力的な教育課程の設定，専門性のある教師などの配置，施設・設備の充実，包括性のある効果的な指導の提供，交流及び共同学習の充実などの推進が必須となる。インクルーシブ教育システムの構築には，“多様な学びの場”の用意と早期からの“教育支援”への配慮が求められている。

2 スクールクラスター ···

(1) 合理的配慮・基礎的環境整備

　2012年に示された「共生社会の形成に向けたインクルーシブ教育システム構築のための特別支援教育の推進（報告）」[7] において，学校教育分野における合理的配慮の観点と基礎的環境整備の図1－2のような関係性が示された。合理的配慮は「障害のある子どもが，他の子どもと平等に『教育を受ける権利』を享有・行使することを確保するために，学校の設置者及び学校が必要かつ適当な変更・調整を行うことであり，障害のある子どもに対し，その状況に応じて，学校教育を受ける場合に個別に必要とされるもの」であり，「学校の設置者及び学校に対して，体制面，財政面において，均衡を失した又は過度の負担を課さないもの」と定義されている。また，基礎的環境整備は「障害のある子どもに対する支援については，法令に基づき又は財政措置により，国は全国規模で，都道府県は各都道府県内で，市町村は各市町村内で，教育環境の整備をそれぞれ行う。これらは，『合理的配慮』の基礎となる環境整備であり，それを『基礎的環境整備』と呼ぶこととする」とされている。

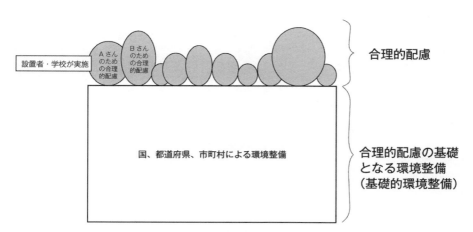

図1－2　合理的配慮と基礎的環境整備（特別支援教育の在り方に関する特別委員会，2012）

⑵ スクールクラスター

　インクルーシブ教育システムは，わが国において共生社会の形成をめざし，障害のある子どもとない子どもが同じ生活の場で共に学ぶことを追求するとともに，障害のある幼児，児童及び生徒の自立と社会参加を見据え，その時点での合理的配慮に最も的確に応える教育的支援を提供できる，多様で柔軟な学校教育体制の構築が不可欠になる。しかし，幼稚園，小学校，中学校（含，特別支援学級，通級指導教室），高等学校（含，通級指導教室）及び特別支援学校がそれぞれ単体では，障害のある幼児，児童及び生徒一人一人に十分な合理的配慮を提供することは容易ではない。そのため，「共生社会の形成に向けたインクルーシブ教育システム構築のための特別支援教育の推進（報告）」7) において，障害保健福祉圏域や教育事務所管内の幼稚園，小学校，中学校（含，特別支援学級，通級指導教室），高等学校（含，通級指導教室）及び特別支援学校といった教育資源を移動可能（movable）な，すなわち，転学可能な"多様な学びの場"と捉える図１－３のようなスクールクラスターを積極的に構築し，活用していくことになる。

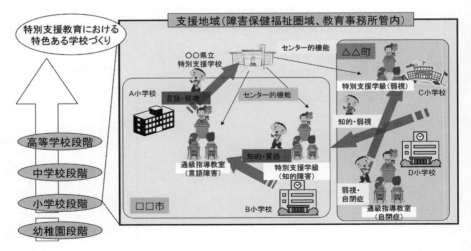

図１－３　スクールクラスター（特別支援教育の在り方に関する特別委員会，2012)

(3)　学校プラットフォーム

　特別な生活のニーズをもつ児童生徒への対応として，小・中学校には，貧困家庭の児童生徒への朝食提供や学童保育充実などの地域の諸課題に対応できる生活支援の機能を新たに加えようとするものである。

　そして，特別支援学校などには，障害者の権利に関する条約第24条に示された「締約国は，障害者が，差別なしに，かつ，他の者との平等を基礎として，一般的な高等教育，職業訓練，成人教育及び生涯学習を享受することができることを確保する。このため，締約国は，合理的配慮が障害者に提供されることを確保する」ことに対応する支援機能を新たに加えようとするものである。障害者の生涯を通じた学習活動の充実について，図１－４のような切れ目のない支援体制構築に向けた特別支援教育の充実や自立と社会参加の加速化に向けた取組みの充実を推進するなど，障害学生支援プラットフォームの形成などが展開されつつある。

図１－４　学校プラットフォーム

③ 教育支援

(1) 教育支援

　2013年8月に行われた学校教育法施行令一部改正により，「就学基準に該当する障害のある子どもは，原則特別支援学校に就学するという従来の仕組みを改め，障害の状態等を踏まえた総合的な観点から就学先を決定すること」となり，就学先決定の流れが図1－5のように改められた[2]。表1－2のような就学基準に規定された障害の程度の者のうち，市町村教育委員会が総合的な観点から判断し，特別支援学校に就学することが適当であると認めた者を"認定特別支援学校就学者"とするようになった。つまり，就学基準は特別支援学校入学のための必要条件であるとともに，総合的判断の判断基準の一つとして位置づけられることになったのである。

　その一方，この改正において，教育支援の図1－5のように，市町村教育委員会が作成する個別の教育支援計画の活用が教育支援の基盤とされた。こ

【改正後（学校教育法施行令）】

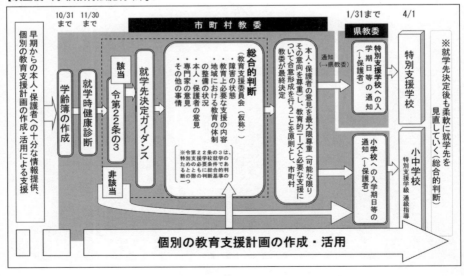

図1－5　就学に関する流れ（文部科学省，2013）

表1－2　就学基準（学校教育法施行令第22条の3）

区分	障害の程度
視覚障害者	両眼の視力がおおむね0.3未満のもの又は視力以外の視機能障害が高度のもののうち，拡大鏡等の使用によっても通常の文字，図形等の視覚による認識が不可能又は著しく困難な程度のもの
聴覚障害者	両耳の聴力レベルがおおむね60デシベル以上のもののうち，補聴器等の使用によっても通常の話声を解することが不可能又は著しく困難な程度のもの
知的障害者	1　知的発達の遅滞があり，他人との意思疎通が困難で日常生活を営むのに頻繁に援助を必要とする程度のもの 2　知的発達の遅滞の程度が前号に掲げる程度に達しないもののうち，社会生活への適応が著しく困難なもの
肢体不自由者	1　肢体不自由の状態が補装具の使用によっても歩行，筆記等日常生活における基本的な動作が不可能又は困難な程度のもの 2　肢体不自由の状態が前号に掲げる程度に達しないもののうち，常時の医学的観察指導を必要とする程度のもの
病弱者	1　慢性の呼吸器疾患，腎臓疾患及び神経疾患，悪性新生物その他の疾患の状態が継続して医療又は生活規制を必要とする程度のもの 2　身体虚弱の状態が継続して生活規制を必要とする程度のもの

備考
1　視力の測定は，万国式試視力表によるものとし，屈折異常があるものについては，矯正視力によって測定する
2　聴力の測定は，日本工業規格によるオージオメータ

の個別の教育支援計画は，「市町村教育委員会が，原則として翌年度の就学予定者を対象に，それまでの支援の内容，その時点での教育的ニーズと必要な支援の内容等について，保護者や認定こども園，幼稚園，保育所，医療，福祉，保健等の関係機関と連携して，『個別の教育支援計画』等として整理し，就学後は，学校が作成する個別の教育支援計画の基となるものとして就学先の学校に引き継ぐもの」とされている[2]。そして，「専門機関等の関係者や保護者の参加を得て，当該児童に最もふさわしい教育支援の内容や，それを実現できる就学先等を決定していく過程で作成され」「新たな就学先における支援の充実を図るもの」となる[2]。

今後，就学移行期に市町村教育委員会作成の個別の教育支援計画，就学後に学校が作成した個別の教育支援計画は，設置者・学校及び本人・保護者に合意形成された合理的配慮の内容を明記することが不可欠となる。

　そして，就学後は児童生徒の障害の状態の変化のみならず，その児童生徒に教育上必要な支援の内容，地域における教育の体制の整備の状況などの変化によっても，"多様な学びの場"（スクールクラスター）の移動ができるようになった。

(2)　個別の支援計画・個別の教育支援計画・個別の指導計画

①個別の支援計画

　個別の支援計画は，2002年に閣議決定され，2003年度から実施された障害者基本計画[6]において，「障害のある子どもの発達段階に応じて，関係機関が適切な役割分担の下に，一人一人のニーズに対応して適切な支援を行う計画（個別の支援計画）を策定して効果的な支援を行う」として，個別の支援計画の作成が明示された。関係諸機関，すなわち，医療・福祉・労働・教育などの各専門機関が連携・協力を図り，障害者のライフステージを通じた継続的な支援体制を整備し，その時々に応じた支援の実施を意図したものである。

　個別の支援計画のうち，文部科学省が管轄する機関，すなわち，幼稚園，小学校，中学校，高等学校，特別支援学校，市町村教育委員会が作成する計画は個別の教育支援計画と称されている。

②個別の教育支援計画

　個別の教育支援計画は，2003年に示された「今後の特別支援教育の在り方について」[8]において，「障害のある子どもを生涯にわたって支援する観点から，一人一人のニーズを把握して，関係者・機関の連携による適切な教育的支援を効果的に行うために，教育上の指導や支援を内容とする個別の教育支援計画の策定，実施，評価（「Plan-Do-See」のプロセス）が重要」として，個別の教育支援計画の作成が明示された。なお，個別の教育支援計画の

うち，入学や就職などによる移行がスムーズになされることを意図して作成する計画は個別の移行支援計画とされる。

③個別の指導計画

　個別の指導計画は，1999年版盲学校，聾学校及び養護学校小・中学部学習指導要領で初めて示され，その必要に応じ，児童生徒一人一人のニーズに応じた指導目標や内容，方法などを示した書式となる[5]。開始当初は重複障害者，自立活動に限定されたものであった。そして，2005年に発出された「発達障害のある児童生徒への支援について（通知）」において，その対象範囲が小・中学校や自閉症にも拡大された。さらに，2005年，中央教育審議会答申における小学校ならびに中学校学習指導要領の改訂方針が示されたことを受け，2009年版小学校ならびに中学校学習指導要領解説総則編に，個別の教育支援計画，個別の指導に関する記載がされた。同様に，2009年版特別支援学校学習指導要領にもその作成・活用が明記された。

【文献】
1）文部科学省（2012）：通常の学級に在籍する発達障害の可能性のある特別な教育的支援を必要とする児童生徒に関する調査結果について.
2）文部科学省（2013）：教育支援資料.
3）文部科学省（2020）：特別支援教育資料（平成30年度）.
4）文部科学省（2020）：令和元年度文部科学白書.
5）文部省（1999）：盲学校，聾学校及び養護学校小・中学部学習指導要領.
6）内閣府（2002）：障害者基本計画.
7）特別支援教育の在り方に関する特別委員会（2012）：共生社会の形成に向けたインクルーシブ教育システム構築のための特別支援教育の推進（報告）.
8）特別支援教育の推進に関する調査研究協力者会議（2003）：今後の特別支援教育の在り方について（最終報告）.

BASIC

第**2**章

特別支援学校の学級経営

1　学級経営

1　学級経営 ···

(1)　学級経営の基本

　教師にとって学級経営はその職務の主たるものの一つである。学級経営の
主な捉えは，以下のようにされている。

> ・与えられた条件の中で，学級の子どもたちに，それぞれの居心地をよくして学校生活を
> 　豊かにしてあげること[4]。
> ・教師が学級集団の持つ学習集団と生活集団の２つの側面を統合し，児童生徒が，学校教
> 　育のカリキュラムを通して獲得される教育課題と，人間としての発達上の課題である発
> 　達課題を，統合的に達成できるように計画・運営すること[8]。
> ・学校経営や学年経営の基本的な経営方針を受けて，学級を担任する教師がクラスの実態
> 　を正しく把握し，児童生徒との人間関係を深めながら，より健全な集団を育てていく日
> 　常的な営みのこと[3]。
> ・子どもの学級生活を支え，子どもの心と行動の安定を図ることを主たるねらいにしてい
> 　る[1]。
> ・学校組織の基礎的単位であるとし，「学校の教育目標達成のための指導が，直接・実践
> 　的に，かつ，適切に行われるために，学級の諸条件を整備・改善・処理する営みをい
> 　う」そして学級経営の機能を「①学校の経営方針を受けて成立する　②人格の全面的育
> 　成に影響する　③学習と生活を統合し継続指導の場となる[7]」とする。

　特別支援学校の学級経営は，新特別支援学校小学部・中学部学習指導要領
解説総則編[5]（以下，特別支援学校学習指導要領解説総則編）で「学習や生活の
基盤として，教師と児童又は生徒との信頼関係及び児童又は生徒相互のより
よい人間関係を育てるため，日頃から学級経営の充実を図ること」と示され
ている。さらに，「学級は，児童生徒にとって学習や学校生活の基盤であり，
学級担任の教師の営みは重要である。学級担任の教師は，学校・学部・学年
経営を踏まえて，調和のとれた学級経営の目標を設定し，指導の方向及び内
容を学級経営案として整えるなど，学級経営の全体的な構想を立てるように
する必要がある」とし，「学級経営を行う上で最も重要なことは学級の児童

生徒一人一人の実態を把握すること，すなわち確かな児童生徒理解である」としている。また，学級経営を行う上での重要な点として以下のようにあげられている。

・理解の第一歩は客観的かつ総合的に児童生徒を認識すること
・日ごろから児童生徒の気持ちを理解しようとする姿勢が重要
・児童生徒にとって存在感を実感できる場としてつくりあげること
・学級の風土を支持的な風土につくり変えていくこと
・日ごろから自己存在感や自己決定の場を与え，何が正しいかを判断し，自ら責任をもって行動できる能力を培うこと
・教師の意識しない言動や価値観が児童生徒に感化を及ぼすこともあることに対する十分な配慮が必要
・校長や副校長，教頭の指導の下，他の教職員と連携して進めること
・特に保護者との間で，児童生徒理解，児童生徒に対する指導の在り方について共通理解をすること　　　　　　　　　　　　　　　　　　　　　　　　　　　　　　　　　　　　　など

　今回の改訂にて，小学校学習指導要領など[6]では「発達の支援」という新しい項目立てにより，学級経営が学習や生活の基盤として大きく取り上げられた。そして，特別支援学校小学部・中学部学習指導要領においてもそれに準じて取り上げられた。また，小学校学習指導要領などとの比較から言えば，特別支援学校には「児童生徒の障害の状態や特性及び心身の発達の段階等を踏まえて」と加えられており，この点が特別支援学校の学級経営の特徴と考えられる。よって，特別支援学校の学級経営の最重要点は，例えば，小学部通常の学級では，児童の障害の状態や特性及び心身の発達の段階などの実態把握をきめ細かく行い，一人一人を十分理解した上で，児童が安心して楽しく学習や学校生活を送るための基盤となりうるよう日々取り組むことと捉えられる。

(2)　児童生徒の実態把握

　学級担任が児童生徒の実態を把握し，理解するためには，文書からの実態把握，前担任や前機関などとの引継ぎからの実態把握，そして実際に児童生

徒や保護者に会ってからの実態把握がある。

　文書からの把握とは，児童生徒と出会う新年度始業式以前に，指導要録，個別の教育支援計画，個別の指導計画，健康診断に関する文書及び指導記録などから様々な情報を読み取ることである。まずは過去に遡って，原因となる疾病や通院，検査歴，障害について詳しく調べ，現在の障害の状態や特性を予想し，把握する。その中でまず，安全面として児童生徒が健康かどうか，発作はどうか，服薬はどうか，食事と排泄はどのような方法かなどが重要になる。次に，日常生活がどの程度自立しているか，学習や運動の状況はどうかという心身の発達の段階などを予想，把握することである。

　その間に，前担任や学年主任の教師，幼稚園等前機関との引継ぎからの把握がある。ここでは，過去に実際にその児童生徒と関わった教師などと直接相談ができるので，その児童生徒に関する特に気を付けなくてはいけないことや過去の状態を具体的に聞き取り，実態を確かなものに肉付けしていく。

　最後に，児童生徒や保護者に会ってからの把握とは，始業式から１週間くらいの間に実際に児童生徒と関わって，あるいは観察をして得られる情報ということである。過去に遡る２つの方法によってある程度予想し，把握した児童生徒の実態を現在と照らし合わせてより確かなものにしていく。また保護者からの把握とは，保護者懇談会，個別懇談会，そして，日々の連絡帳のやり取りをとおして，実態をより具体的に聞き取りながら，一緒になって実態把握を進めるということである。

(3)　学校組織の理解
①校務分掌
　学校組織とは，児童生徒を直接教育するという仕事を縦の糸とすれば，学校を運営する上で必要な校務分掌という仕事が横の糸となり，大きく言うとこの２つの糸で成り立っている。校長は校務を教職員に分担して学校組織をつくり，学校をうまく運営していく必要がある。校務分掌については，全教職員がそれぞれの校務を分担し，各自が分担する校務について，校内組織全

体の中で占める位置や役割，他の分掌との関連などを十分に理解するとともに，相互に協力し，補い合い，組織的・有機的に活動を処理できるよう校務を遂行する必要があるとされている[3]。つまり，学校組織には，どこにも誰にも役割があり，全教職員の協力が必要となるのである。

②教師間の連携

　初任の教師や経験の浅い教師は，特に新学期には右往左往してしまう。特別支援学校では複数担任制が多いため，指導内容などについて教師同士が共通理解することや協働して行うことが基本となる。自分が副担任なら，正担任にいろいろと，遠慮なく聞くことが大切である。その後，少し慣れてきたら初任者研修担当の教師や学年主任，配属された学部主事（管理職）に聞くようにする。特別支援学校そのものがよくわからないのは当たり前と，割り切ることも必要である。小学校や中学校とは組織も異なり，教師も多い。小学部（小学校年齢相当），中学部（中学校年齢相当），高等部（高等学校年齢相当）というまとまりがあり，3つの学校が集まっているようだとも言われることが多い。

(4)　保護者との連携

　保護者との間で，児童生徒の理解や指導の在り方について共通理解を図ることは，特別支援学校ではとても重要である。保護者の願いに応えて，担任は十分にその専門性を高めて，そのような保護者の期待に応える支援の実践ができなければならない[9]。できるだけ学校での様子を伝え，児童生徒の成長を保護者と分かち合えるように努めることが大切である。また，家庭でも同じような方法によって，児童生徒に繰り返して関わることが，課題の定着に有効であることもある。

　また，個別の教育支援計画及び個別の指導計画を作成し，適切な指導及び必要な支援の実施に努め，各計画の作成に当たっては，保護者の主体的な参画及び学校と保護者との連携の推進は必要不可欠であるとされている[4]。また，合理的配慮の提供なども，保護者から十分に意向を聞き取るとともに，

合意形成を図ることが求められる[3]。こうしたことから，保護者のわが子へのそれまでの支援は，否定しないで肯定的に受け止める姿勢[6]の中で，教師と保護者，お互いの共通理解と何でも話し合える協働支援者となる雰囲気づくりをし，支援することが大切である。

2 教師としての心構え ···

(1) 特別支援学校固有の心構え

特別支援学校の目的は，学校教育法第72条で示されているとおり，「視覚障害者，聴覚障害者，知的障害者，肢体不自由者又は病弱者（身体虚弱者を含む。以下同じ）に対して，幼稚園，小学校，中学校又は高等学校に準ずる教育を施すとともに，障害による学習上又は生活上の困難を克服し自立を図るために必要な知識技能を授けること」である。簡単に言うと，上記の5つの障害のある児童生徒に対して，通常の教育を行うとともに，彼らが自立を図るために必要な知識技能を教えることである。もちろん，自立とともに社会参加という言葉が加えられることも多い。

特別支援学校では，高等部卒業後，大学へ進学する生徒，一般企業へ就職する生徒，福祉就労する生徒，さらに家庭や病院内で過ごさなくてはならない生徒など様々である。つまり，将来は自立して生活できるような児童生徒から，支援が常に必要な児童生徒まで在籍している。様々な願いやニーズを聞き取りながら，一人一人の障害の種類や程度に応じた，自立と社会参加に向けた教育を行う必要があるので，教育課程も多様である。

特別支援学校は公立義務教育諸学校の学級編制及び教職員定数の標準に関する法律第3条及び公立高等学校の適正配置及び教職員定数の標準等に関する法律第14条により，小学部では，例えば標準的には1学級を通常の学級で6人まで，重複障害学級（5つの障害のうち2つ以上を併せ有している障害）では3人までとしている。中学部でも同様に1学級を6人まで，重複障害学級では3人までとしている。高等部では1学級を8人まで，重複障害学級では3人までとされている。小学校の40人学級に比べると，例えば小学部

の6人学級というのは非常に少ないが，それだけ一人の児童に対して時間をかけ，深く関わることができるのである。

(2)　勤務時間・職務

　ある総合化された特別支援学校小学部の代表的な一日の流れを表2−1に示した。勤務時間は8：30〜17：15となっていて，7時間45分勤務，間に60分休憩となっている。朝早めに来て，学校で教材を準備する教師や少し残って作業を行う教師もいるが，現在は働き方改革を推進しているので，効率よく仕事をこなすことが望まれる。

(3)　学級経営上の配慮点
①児童生徒のための学級経営

　自分の担任した学級の児童生徒が，安心して楽しく学習や学校生活を送

表2−1　特別支援学校の勤務時間・職務（例）

時　刻	活動・職務名	内　　　容	担　当
7：30	開門	・新聞等郵便物の取込 ・玄関解錠 ・校内セキュリティ解除 ・見回り（校内外，校庭など）	教頭
7：30	SB出発確認	・玄関掃除　・水やりなど	教頭，部主事
7：40	電話番	・新聞チェック ・欠席者の職員室黒板記入 ・SB連絡	教頭，部主事 生活支援部長
8：00	管理当番巡回 登校指導	・校内巡回，主要箇所の解錠など　・管理当番・電話番 ・通学路巡視	管理当番 生活支援部員， 担任
8：30	勤務時間開始 打合せ	・職員朝会（全員） ・部別打合せ	全教員
8：40	登校 SB到着	・登校迎え入れ ・保護者送迎対応 ・あいさつ運動指導	全教員 生活支援部員
8：45	朝の準備	・持ち物整理　・提出物受け取り　・連絡帳チェック ・バイタルチェック	担任 看護講師
8：55	日常生活の指導	・トイレ指導　・着替え指導 ・朝の会（歌，予定，献立） ・係活動	担任など
9：50	教科別指導など	・授業（各教科，生活単元学習，自立活動など）	担任など
12：15	給食	・手洗い指導　・係活動指導 （身支度，配膳，片付け） ・二次調理　・食事指導 ・経管栄養投与　・片付け	担任など（全教員） 看護講師
13：00	休憩	・歯磨き指導 ・明日の予定の記入指導	担任など
13：20	教科別指導など	・授業（各教科，生活単元学習，自立活動など）	担任など
14：50	下校準備 帰りの会	・掃除指導　・着替え指導 ・連絡帳記入　・家への持ち物準備　・帰りの会（歌，話） ・係活動	担任など
15：20	下校，下校指導 SB出発	・下校見送り　・通学路巡視 ・SB乗車確認 ・保護者送迎対応　・放課後等デイサービス引渡し	担任など 生活支援部員
15：30	休憩，部活動	・掃除，反省など ・部活動指導あり　〜16：30	担任など
15：50	各会議，研修研究，教材準備	【会議は終了時間を設定し効率化する】	全教員
16：40	明日の準備 校務分掌の仕事 SB到着	・授業打合せ ・校務分掌の仕事 ・自力通学生帰宅確認電話受付 ・SB到着確認	全教員 生活支援部長
17：00	管理当番巡回	・校内巡回 ・窓や主要箇所の施錠など ・学校日誌・管理当番日誌記入	管理当番 教頭へ提出
17：15	勤務時間終了 閉門	・退校　・玄関施錠 ・校内セキュリティ設定 【働き方改革により，8のつく日と毎週水曜日はノー残業デーとして確実に退校時間に退校する】	全教員 教頭

＊SB：スクールバス

るための基盤となりうるためには，第一に児童生徒の立場から考え，常に児童生徒の成長を促すことである。例えば，特別支援学校の通常の学級１学級は６人，しかもその障害の程度は幅が広く，自立と社会参加に向けた課題も様々である。しかし，集団としては少ないなりに，毎日一緒に過ごすわけであり，教師や級友との関係も生まれる。そのときには，教師自身の児童生徒の安心，安全への向かい方，障害の理解や捉え方，集団の考え方というものが問われる。自分なりに，その答えを考えておきたい。教師は児童生徒一人一人の情報を常に頭に入れて，深く関わり，成長を促す。児童生徒のことは担任が誰よりも知っていると言われるようになってほしい。

②保護者のための学級経営

保護者の願いや意向を大切にし，保護者と協働して児童生徒を指導する必要がある。保護者は特別支援学校に様々な期待や不安をもちながら，特別支援学校を選んでわが子を入学させているので，指導については，保護者一人一人と十分に相談しながら，ニーズを把握しながら共通理解を図ってほしい。保護者に教えていただくという謙虚な態度も大切である。担任が先走っても決してうまくはいかないし，保護者のニーズに押し切られることがあってもよくない。児童生徒の実態をできるだけ客観的に捉え，担任と保護者とが協働して，児童生徒をよりよい方向へ導くことや，学校でも家庭でも指導が少しでもうまくいって成長が見えたら，児童生徒も保護者も大いにほめることが大切である。

③教師が協働する学級経営

学校組織として学級の上には学年，学部，学校があり，学級は学校の基礎的単位として学校の経営方針を受け，つまり校長の指導の下，他の教職員と連携して学級経営を進めなければならない。特に，特別支援学校では教師同士の共通理解を図り，複数担任制のよさを生かすことが極めて重要である。１人＋１人が３人分にも４人分にもなるようにしてほしい。このペアや教師集団で１年間の学級経営，つまり児童生徒の成長が決まると言っても過言ではない。

2　年度当初の教師（担任）としての主な仕事

1　学級目標の設定 ……………………………………………………

　年度当初の担任の大きな仕事として学級目標の設定がある。高等部ともなれば生徒による学級目標づくりができると思われるが，小学部や中学部では，教師側が設定する場合も多い。そのときに気を付けることは，担任の願いを明らかにすることとして，学校の教育目標，指導の重点との関連を図り，担任の児童愛，教育愛を基盤に，目の前の児童生徒の個性や能力の伸長をめざす願いを児童生徒に語りかけることもあるとされている[1]。

2　表簿の作成 ……………………………………………………

　学校教育法施行規則第25条，第28条などに表記されている表簿という書類は文書と呼ばれ，年度ごとに作成された書類は整理されて保管されている[3]。作成・保管ルールは内規として学校内部の規則に詳しく示してある。特に情報・文書管理は重要であり，漏洩や紛失は決してあってはならない。内規に示されたルールを先輩教師に聞き，公の文書としての記入も含め，特に慎重に扱うことが重要である。作成すべき文書には以下のようなものがある。

表2-2　作成すべき文書（例）

分　野	文　書
教務関係	・出席簿（月末統計） ・指導要録（学籍に関するもの，指導に関するもの），その写し，抄本 ・個別の教育支援計画　・個別の指導計画　など
保健・給食関係	・健康診断に関する表簿　・健康上の配慮事項（アレルギー関係）など
事務関係	・学校徴収金等の文書　など

3　教室経営 ……………………………………………………

　教室環境を入学式，始業式までに整えることを第一に，どの児童生徒にも真新しい雰囲気と，これから新しい学習と生活が始まるワクワク感のある教

室であることが伝わるように表現することが大切である。また，担任と副担任との協働作業がここから始まる。時間割表や曜日，天気カードなどの作成，児童生徒名掲示，スクールバス利用表掲示，ロッカーなどの名前はり，机椅子の高さ調整，学級目標掲示などを計画的に行う。授業中に児童生徒と一緒にできるものもあるので，学年や状態によって決めていく。

4 個別の教育支援計画

　特別支援学校学習指導要領解説総則編では「障害のある児童生徒は，学校生活だけでなく，家庭生活や地域での生活を含め，長期的な視点で幼児期から学校卒業後までの一貫した支援を行うことが重要である。（中略）障害のある児童生徒が生活の中で遭遇する制約や困難を改善・克服するために，本人及び保護者の意向や将来の希望などを踏まえ，在籍校のみならず，例えば，家庭，医療機関における療育事業及び福祉機関における児童発達支援事業において，実際にどのような支援が必要で可能であるか，支援の目標を立て，それぞれが提供する支援の内容を具体的に記述し，支援の内容を整理したり，関連付けたりするなど関係機関の役割を明確にすることとなる」とされている。そして「個別の教育支援計画には多くの関係者が関与することから，保護者の同意を事前に得るなど個人情報の適切な取扱いに十分留意することが必要である」とされている。つまり，本人，保護者を中心にして彼らを囲むように関係機関との連携を図りながら長期的な視点をもって支援をしていく必要がある。特別支援学校在籍の12年間は，教育機関がイニシアチブをとって関係機関と役割分担をしつつ，巻き込むような形で支援を進めていく。学校では特別支援教育コーディネーターがその役割を主に担うことになる。その様式は，例えば岐阜県であれば図2−1のようになっている[2]。就学前から高等部3年までの12年間以上のプロフィールが一覧として示される。支援の目標や状況が記録され，内容の重複を避けることはもちろん，支援内容及び訂正に関する本人，保護者の同意も署名及び捺印をもって完了することになる。

5　個別の指導計画 ·····························

　特別支援学校学習指導要領解説総則編では「個々の児童生徒の実態に応じて適切な指導を行うために各学校で作成しなければならないものである。個別の指導計画は，第1章総則第3節の3の(3)のア（調和のとれた具体的な指導計画の作成：筆者注）を具体化し，障害のある児童生徒一人一人の指導目標，指導内容及び指導方法を明確にして，きめ細やかに指導するために作成するものである」とされている。つまり，障害の種類や程度も様々な児童生徒一人一人に対し，教科，自立活動などの指導目標や内容を明確にし，その成長を保護者とともに確認し，次のステップへ押し上げる根拠が大切なのであり，その根幹に当たるのが個別の指導計画であると言える。様式は教科別，領域別に計画を示すとともに，簡単な目標，内容及び結果を記入し，指導要録に転記できる程度のものを想定している。特別支援学校では，児童生徒一人一人の成長を記録する上で，どんな内容をどこまで教え，結果がどうであったか，またその次に教える内容は，というように，根拠とともに明確に示さなくてはならない。つまり，基本的に個人内の成長を客観的に記録しながら，保護者にもそれらを伝える説明責任がある。

【文献】
1）有村久春（2004）：はじめに．有村久春編，［学級経営］実践チェックリスト．教育開発研究所，pp.3-4.
2）岐阜県教育委員会（2015）：コーディネーター実践ガイド．
3）片山紀子編（2012）：学校がみえる教職論．大学教育出版，pp.38-44. pp.82-91.
4）一門惠子（2020）：保護者の心理的支援．坂本裕編著，新訂2版特別支援学級はじめの一歩．明治図書，pp.139-141.
5）宮﨑英憲（2017）：監修のことば．宮﨑英憲監修，はじめての＜特別支援学校＞学級経営12か月の仕事術．明治図書，p.3.
6）文部科学省（2017）：小学校学習指導要領．
7）文部科学省（2018）：特別支援学校教育要領・学習指導要領解説　総則編（幼稚部・小学部・中学部）．
8）緒方直彦（2017）：特別支援学校の学級経営のポイント．宮﨑英憲監修，はじめての＜特別支援学校＞学級経営12か月の仕事術．明治図書，pp.9-12.
9）田村康二朗（2017）：新学期の準備．宮﨑英憲監修，はじめての＜特別支援学校＞学級経営12か月の仕事術．明治図書，pp.14-17.
10）下村哲夫監修，花輪稔編（2001）：新版　学級運営便覧．教育出版．
11）髙谷哲也（2011）：教師の仕事と求められる力量．あいり出版．
12）矢口英明（2004）：学級の教育目標・経営方針の決定．有村久春編，［学級経営］実践チェックリスト．教育開発研究所，pp.20-21.

※保護者から聴取して記入する。
※個人情報に留意する。
※保護者にも携帯してもらうようにすると，各相談機関で説明する際の負担が軽減される。

様式１　個別の教育支援計画(プロフィール)

記入者	就学前	小１	小２	小３	小４	小５
氏名					性別	
療育手帳		有　　無		手帳番号（級）		
身体障害者手帳		有　　無		手帳番号（級）		
主たる障がい名						
生育歴	【胎生期】 【出産期】 【乳幼児期】					
家族構成						
家族環境	※主たる養育者、保護者から聴取した家庭の養育方針等を記入。					
本人の状況						

首の座り、初語、初歩の時期、
乳幼児健診での記録
保育園、言葉の教室における指導内容　等、必要に応じて記

障がいの程度がわかるものは程度を記入。
医師の診断，助言等により障害の状態がわかる場合は詳しく記入する。
判断ソフトやチェックリストの項目を参考に，対象児童生徒の様子を記入する。
状況の変化等により随時追加する。

諸検査	実施日	検査名	検査機関（検査者）

ＩＱだけでなく、検査を受けている時の様子（離席が多い、質問
難しい等）や、検査をするときの留意事項等を記入しておくとよ
添付するとよい）

所属						
在籍学級						
担任名						
合理的配慮						
支援内容に関する本人・保護者の同意（署名及び捺印）						
引継ぎに関する本人・保護者の同意（署名及び捺印）（引継ぎ先）	（　　）	（　　）	（　　）	（　　）	（　　）	（　　）

<記入するとよい内容>
※合理的配慮の提供について、意思の表明があった際に、下記の３観点
具体的な内容については様式３に記入します。

学校における「合理的配慮」の観点

①教育内容・方法	②支援
①－１ 教育内容	②－１ 専門
①－１－１ 学習上又は生活上の困難を改善・克服するための配慮	②－２ 幼児
①－１－２ 学習内容の変更・調整	解啓
①－２ 教育方法	②－３ 災
①－２－１ 情報・コミュニケーション及び教材の配慮	
①－２－２ 学習機会や体験の確保	
①－２－３ 心理面・健康面の配慮	

個別の教育支援計画を引き継ぐ際には，必ず本人・保護者の同意

図２－１　個別の教育支援計画

小6	中1	中2	中3	高1	高2	高3

生年月日	平成　　　年　　　月　　　日					
	取得年月日		更新年月日			
	取得年月日		更新年月日			
その他の障がい名						

【教育・福祉・療育等の相談歴】

相談歴の中から関係する内容について記入する。

入する。

健康状態等

医療的配慮が必要な場合は必ず記入する。
アレルギー等で食事の配慮が必要な場合も記入する。
身体面で介助が必要な場合もその内容を記入する。
服薬をしている場合、薬品名・服用量・回数なども記入する。

その他特記事項

検 査 結 果 ・ 所 見 等

を聞いて答えることが
い。（検査結果や分析も

１１項目から本人・保護者と合意形成を図った項目について記入する。

体制	③施設 ・ 設備
性のある指導体制の整備	③－1　校内環境のバリアフリー化
児童生徒、教職員、保護者、地域の理	③－2　発達、障害の状態及び特性等に応じ
発を図るための配慮	た指導ができる施設・設備の配慮
害時等の支援体制の整備	③－3　災害時等への対応に必要な施設・設
	備の配慮

（　　　）	（　　　）	（　　　）	（　　　）	（　　　）	（　　　）	（　　　）

を得た上で，確実に引き継ぐようにする。

の様式例（岐阜県教育委員会，2015）

BASIC

第**3**章

視覚障害者の教育

1 教育

１ 視覚障害の定義 ···

視覚障害の定義は，学校教育と障害者福祉で異なっている。

学校教育では，学校教育法施行令第22条３で次のように定義している。

> 両眼の視力がおおむね0.3未満のもの又は視力以外の視機能障害が高度のもののうち，拡大鏡等の使用によっても通常の文字，図形等の視覚による認識が不可能又は著しく困難な程度のもの

一方，障害者福祉では，医師が診断する視機能（視力と視野）に基づき，視覚障害の範囲を身体障害者福祉法ならびに身体障害者手帳の等級判定（１級～６級）として，次のように定義している。

> ①身体障害者福祉法（別表）
> 　次に掲げる視覚障害で，永続するもの
> 　１　両眼の視力（万国式試視力表によって測ったものをいい，屈折異常がある者については，矯正視力について測ったものをいう。以下同じ。）がそれぞれ0.1以下のもの
> 　２　一眼の視力が0.02以下，他眼の視力が0.6以下のもの
> 　３　両眼の視野がそれぞれ10度以内のもの
> 　４　両眼による視野の二分の一以上が欠けているもの
> ②身体障害者手帳の等級（身体障害者福祉法施行規則別表第５号）
> 　１級　視力の良い方の眼の視力が0.01以下のもの
> 　２級　１　視力の良い方の眼の視力が0.02以上0.03以下のもの
> 　　　　２　視力の良い方の眼の視力が0.04かつ他方の眼の視力が手動弁以下のもの
> 　　　　３　周辺視野角度（Ｉ／４視標による。以下同じ。）の総和が左右眼それぞれ80度以下かつ両眼中心視野角度（Ｉ／２視標による。以下同じ。）が28度以下のもの
> 　　　　４　両眼開放視認点数が70点以下かつ両眼中心視野視認点数が20点以下のもの
> 　３級　１　視力の良い方の眼の視力が0.04以上0.07以下のもの（２級の２に該当するものを除く。）
> 　　　　２　視力の良い方の眼の視力が0.08かつ他方の眼の視力が手動弁以下のもの

　　　3　周辺視野角度の総和が左右眼それぞれ80度以下かつ両眼中心視野角度が56度
　　　　以下のもの
　　　4　両眼開放視認点数が70点以下かつ両眼中心視野視認点数が40点以下のもの
　4級　1　視力の良い方の眼の視力が0.08以上0.1以下のもの（3級の2に該当するも
　　　　のを除く。）
　　　2　周辺視野角度の総和が左右眼それぞれ80度以下のもの
　　　3　両眼開放視認点数が70点以下のもの
　5級　1　視力の良い方の眼の視力が0.2かつ他方の眼の視力が0.02以下のもの
　　　2　両眼による視野の2分の1以上が欠けているもの
　　　3　両眼中心視野角度が56度以下のもの
　　　4　両眼開放視認点数が70点を超えかつ100点以下のもの
　　　5　両眼中心視野視認点数が40点以下のもの
　6級　視力の良い方の眼の視力が0.3以上0.6以下かつ他方の眼の視力が0.02以下のもの

2　視覚障害教育の歴史的変遷

　わが国の視覚障害教育は，古川太四郎らによる1879年の京都府立盲啞院（現，京都府立盲学校），1880年の楽善会訓盲院（現，筑波大学附属視覚特別支援学校）の創設を嚆矢として140年余の歴史を経ている。明治期は全国的に盲啞学校の創設が相次ぎ，例えば，現在の岐阜県立岐阜盲学校は，1894年に英国聖公会宣教師チャペル氏と盲人の森巻耳氏によって，盲人の職業となる鍼按（はり，あんま）を教える岐阜聖公会訓盲院として開設された。

　教育法令における盲学校の位置づけは，1890年の小学校令に盲啞学校の設立・廃止の規定が明記されている。その後，1923年の盲学校及び聾啞学校令では，教育目標を普通教育と職業教育とすること，小・中学部を置く学校形態とすること，盲啞学校を盲学校と聾啞学校に分離すること，そして，各府県に設置義務が課されたことにより，私立から官立への移行が促進された。さらに，1947年の学校教育法第一条で盲学校が学校として定義され，視覚障害教育が普及し，1959年には児童生徒数が全国で10,264名にまで増加した。なお，2007年の改正学校教育法で特別支援学校制度に転換して"盲学校"は法令上存在していないが，視覚障害教育を専ら行う特別支援学校については，

"盲学校" の名称を用いることが認められている（18文科初第446号）。現在，約6割の学校が盲学校の名称を，約4割の学校が視覚特別支援学校などの名称を使用している。

❸ 視覚障害教育の現状と課題 ·······························

　視覚障害教育の場は，視覚障害特別支援学校，弱視特別支援学級，通級による指導（弱視）がある。その視覚障害の程度は次のように規定されている。

・視覚障害特別支援学校（学校教育法施行令第22条3）
　　両眼の視力がおおむね0.3未満のもの又は視力以外の視機能障害が高度のもののうち，拡大鏡等の使用によっても通常の文字，図形等の視覚による認識が不可能又は著しく困難な程度のもの
・弱視特別支援学級（25文科初第756号初等中等教育長通知）
　　拡大鏡等の使用によっても通常の文字，図形等の視覚による認識が困難な程度のもの
・通級による指導（弱視）（25文科初第756号初等中等教育長通知）
　　拡大鏡等の使用によっても通常の文字，図形等の視覚による認識が困難な程度の者で，通常の学級での学習におおむね参加でき，一部特別な指導を必要とするもの

　全国盲学校長会[9]によると，視覚障害特別支援学校は，全国に67校（国立1，公立63，市立2，私立1）あり，うち5校は複数の障害種に対応している。全児童生徒数は，2007年度3,588人に対して，2018年度2,731人となり，在籍者数が39人以下の学校が全体の6割近くになっている。設置学部は，幼稚部設置が55校（82.1%），小学部・中学部設置が65校（97.0%），高等部普通科設置が55校（82.1%）となっている。また，高等部単独校が2校ある。高等部の職業学科などの設置は理療教育が中心で，本科保健理療科が45校，専攻科保健理療科が39校，専攻科理療科が56校で設置されている。理療科以外の職業課程としては専攻科理学療法科と専攻科音楽科が各2校で，専攻科柔道整復科，専攻科生活科が各1校に設置されている。そして，1年課程の専攻科普通科，専攻科生活情報科，専攻科研修課などを設置し，卒業後の多様な進路選択に応えようとしている学校が増えてきている。なお，重複障害の児童生徒の割合が増加し，通常の学級と重複障害学級の割合は，2018年度

には55.8％と44.2％になっている。こうしたことから，知的障害や聴覚障害などとの重度・重複化に対応した教育内容の検討が進められている。

　小・中学校の弱視特別支援学級には，2017年度は小学校に358学級，在籍者413人，中学校に119学級，在籍者134人となり増加傾向にある。通級による指導（弱視）は，2018年度は小学校に176人，中学校に21人で行われていて，やや増加の傾向がみられる。通常の学級には，学校教育法施行令第22条の３，すなわち，就学基準からすると視覚障害特別支援学校に就学相当の視覚障害のある児童生徒が2017年度は小学校に224人，中学校に100人が在籍している。そのうち，通級による指導は受けずに通常の学級のみで教育を受けている者が75人，54人いる。こうした児童生徒の視覚障害に配慮した指導の更なる普及が望まれるところである。

4　視覚障害教育における配慮事項

　学校教育法第72条では「幼稚園，小学校，中学校又は高等学校に準ずる教育を施すとともに，障害による学習上又は生活上の困難を克服し自立を図るために必要な知識技術を授けることを目的とする」とされている。"準ずる教育"でも幼稚園教育要領，小学校，中学校，高等学校の学習指導要領に示される教育目標を達成するために，指導上で特別な配慮を行うことになる。

　視覚障害教育における配慮事項として，特別支援学校小学部・中学部学習指導要領には次に示す事項が指摘されている[3]。

①児童が聴覚，触覚及び保有する視覚などを十分に活用して，具体的な事物・事象や動作と言葉とを結び付けて，的確な概念の形成を図り，言葉を正しく理解し活用できるようにすること。
②児童の視覚障害の状態等に応じて，点字又は普通の文字の読み書きを系統的に指導し，習熟させること。なお，点字を常用して学習する児童に対しても，漢字・漢語の理解を促すため，児童の発達の段階等に応じて適切な指導が行われるようにすること。
③児童の視覚障害の状態等に応じて，指導内容を適切に精選し，基礎的・基本的な事項から着実に習得できるよう指導すること。
④視覚補助具やコンピュータ等の情報機器，触覚教材，拡大教材及び音声教材等各種教材

の効果的な活用を通して，児童が容易に情報を収集・整理し，主体的な学習ができるようにするなど，児童の視覚障害の状態などを考慮して指導方法を工夫すること。

⑤児童が場の状況や活動の過程等を的確に把握できるよう配慮することで，空間や時間の概念を養い，見通しをもって意欲的な学習を展開できるようにすること。

5 視覚障害教育の教育方法

　視覚障害教育は盲教育と弱視教育に分けられる。盲教育では全く見えない状態の全盲や光の明暗程度が見える状態の児童生徒を対象とし，主として触覚や聴覚による教育方法が用いられる。弱視教育では眼鏡やコンタクトレンズなどで矯正しても視力・視野などの視機能に制約のある児童生徒を対象とし，保有する視覚を最大限に活用した教育方法が用いられる。そのため，見ることの不自由さを補うために，拡大教材やタブレット，遮光眼鏡などといった視覚補助具を児童生徒が活用できるようにすることが必須となる。

　教育的支援では視覚障害のある児童生徒の心理的特性の理解が重要になる。盲児は視覚的経験の記憶（視覚表象）の有無によって早期盲と後期盲に分けられる。3歳以前に失明した早期盲は視覚表象を有しないと考えられていることから，視覚的な手がかりを用いることができないためである。一方，3〜5歳以降に失明した後期盲では視覚的経験の記憶を学習や行動面で利用できる可能性がある。

　また，障害が発生する時期と障害の程度によって発達への影響が特徴づけられる。乳幼児期から学齢期までに障害が発生している場合は視覚発達とともに発達全般への影響が生じる。一方，学齢期以降に障害が発生する場合は，特に成人期の中途視覚障害者の様々な喪失感に対応する必要がある。なお，進行性疾患のケースでは障害の進行に伴う心理的なケアが必要となる。

　視覚障害教育では，文字の読み書きが基本となる。盲児の読み書きは主として点字となり，その習得には幼児期からの取組みが必要となる。また，中途視覚障害者における点字・普通文字の選択は，現在では様々な視覚補助具を活用することで，選択の目安となる視力は0.01〜0.02と考えられている。

6 視覚障害乳幼児の発達 ···

　視覚障害乳幼児にみられる発達遅滞を規定している要因には一次的要因の身体要因と二次的要因の環境要因がある[1]。そして，二次的要因は操作可能であり，適切な支援によって潜在能力を最大限に顕在化することが可能となる。

　教育的には，発達に影響を与えている次の二次的要因の4要因について，適切な操作をすることが重要な課題となってくる。

(1) 行動の制限

　乳児が，外界の物に手を伸ばす "リーチング" は生後5か月頃から出現するが，盲乳児では10か月頃から出現してくる。これは，視覚によってリーチングが誘引されないために生じている行動の制限であり，その後の身体発育や運動機能の獲得に影響を与える。そのため，声かけや音の出るおもちゃを積極的に導入するなどの工夫をすることが必要となる。

(2) 情報入手の制限

　幼児は視覚からの豊富な情報によって獲得した知識を基に事物の具体的な概念を形成していく。これに対し，盲幼児は，主に "触ったことがあるもの"，弱視幼児では "見えにくい目で見えた範囲のもの" を知識として獲得していく。よって，情報の全体量が少ないことで，獲得する知識の量と質が制限される。その際，少ない手がかりで基本となる概念を形成することになり，偏りや誤りが生じることがある。従って，獲得する知識を更に豊かにする言葉かけや繰り返しの体験がより大切になる。

(3) 模倣の困難

　幼児は視覚的観察を通し，見様見真似で周囲の人の所作・動作を身に付けていく。しかし，視覚障害幼児は視覚的模倣が困難であり，日常生活に必要な些細な動作をも自力で獲得することは困難になる。よって，保護者や教師

が幼児と同じ向きに立って，手を添えて手足や身体の動きを丁寧に教えることが大切になる。ただし，教えることにとらわれて，幼児の自主性や自発性を疎かにすることは避けたいところである。

(4) 視覚障害幼児への周囲の態度

　視覚障害幼児は見えないこと，見えにくいことに伴う困難や不安を抱えているため，行動が消極的になりがちである。視覚障害幼児を取り巻く保護者や社会の態度が保護的になりすぎると，視覚障害幼児の体験の機会を制約して発達に影響を与えることになる。よって，周囲の人が視覚障害幼児に対して積極的に様々な体験を重ねる機会を提供することで，本人が自信を付けていくことにつながる。

７ 盲児の指導 ‥‥‥‥‥‥‥‥‥‥‥‥‥‥‥‥‥‥‥‥‥‥‥‥‥

　盲児の指導では，盲児の発達において，視覚の欠如を補うのは体験であるとの理解のもと，盲児にとって，外界の情報を視覚以外の感覚を使って体験するポイントとして次の「核になる体験」「全体を通した体験」「身体全体を使った能動的な体験」「音を手がかりとした体験」といった４点が挙げられている[4]。

1) 核になる体験：盲児は，視覚的な体験を伴わないことによって，言葉だけで理解したつもりになるバーバリズムが生じることがあるため，体験の量ではなく体験の質が重要になります。「核になる体験」とは，基本となる一つを徹底的に触って覚えこむことです。そのためには，基本要素は何かを確認すること，学習する十分な時間を与えること，大人が手を添えて一緒に触って言語化することが大切になります。例えば，スイカという食べ物がいつも切り分けられた形で盲児の食卓に出ていたら，盲児が形成するスイカの概念はどうなるでしょうか。スイカを最初に体験する時に，丸い全体を触り，叩いて音を出したり，切り分ける感覚も体験する等，スイカで体験できることをすべて体験しておくことが，体験の核になって，その後のさまざまな体験内容を結びつけていくことになるのです。

2) 全体を通した体験：触って観察することが「触察（しょくさつ）」です。触察の指導では，基本となる能動的な触察のポイントとして，①両手を使って触る，②すみずみま

でまんべんなく触る，③基準点をつくって触る，④全体→部分→また全体と繰り返し触る，⑤触圧をコントロールして触る，⑥温度や触感を意識して触る，の6点にまとめられています。触察の指導では，適切な言葉かけによって理解が深まることがあります。触ったものを言葉で説明することができるように指導することが大切です。

3)　身体全体を使った能動的な体験：盲児は様々な体験を能動的に試していくことで，知識を豊かにし世界の広がりを体感することにつながります。幼児期には室内中心の生活から次第に屋外を体験する機会が増えて，世界が広がっていきます。こうした機会では，聴覚や嗅覚からの情報を意識させたりすることが大切です。また，散歩等の外出では，周囲にある事物についてことばで説明したり，実際に触ってみることで興味や関心が高まり，自発的な観察力が身についていきます。また，外の世界に興味・関心を持って積極的に外出することで，身体全体の運動機能が成長・発達することにつながります。

4)　音を手がかりとした体験：盲児にとって音はとても大事な情報源です。周囲の些細な音の変化に「おもしろさ」を感じて，音遊びの世界を広げていくことがあります。音の手がかりに注意を向けることは，学習における「聞く」力にもつながります。ですから，幼児期から音を手がかりとし体験を積み重ねることで，環境を把握する力を十分に育てていくことが大切です。

8 弱視児の指導

　弱視児の指導では，弱視児の視覚特性に配慮することが基本となる。弱視児の見え方の課題として，次の9点が指摘されている[5]。

①細かい部分を見分けることが困難
②大きなものの全体把握が困難（低視力，視野狭窄に共通）
③狭い範囲しか見えない（視野狭窄のケースで顕著）
④事物の境界が不鮮明（例：段差に気付かない）
⑤立体感・奥行きがわからない
⑥動いているものを追視することが困難
⑦遠距離の事物を判別することが困難
⑧見てわかるまでに時間がかかる
⑨目と手の協応が難しい（例：線に沿ってはさみで切る）

　また，弱視児にとって"今，見えている世界"が唯一となる。"見えにくさ"に気付くことがないことになるため，視機能の状態に対応し，見やすい環境を整備していく。そのポイントは，①明るさの調整，②拡大と単純化，

図と地のコントラストの関係などに配慮した見やすく使いやすい教材の選定，③弱視レンズ，拡大読書器の使用，④遮光眼鏡の使用が挙げられる。

9 **教科書** ……………………………………………………………………………

　視覚障害のある児童生徒の教科教育は，小学校・中学校・高等学校で用いられている教科と基本的には同じ目標・内容で行うこととなる[6]。

　現在，盲児用の点字教科書は検定教科書から原典となる一冊を選定し，小学部6科目（国語，算数，社会，理科，英語，道徳），中学部6科目（国語，数学，社会，理科，英語，道徳）が文部科学省著作教科書として出版されている[7]。点字教科書はページ数が増加するため，一般的には3～4cmの厚さとなり，更に2～5分冊化することになる。よって，児童生徒が学校と家庭間を持ち歩くことは困難である。点字教科書の作成は原典の点訳ではなく，例えば，小学部算数では「珠算編」を付加したり，理科では観察や実験の方法を工夫したり，社会ではグラフ，表，地図などの扱いを工夫したりするなど，点字を常用する視覚障害のある児童生徒に応じた削除・付加・修正を行っている。各教科とも一冊だけの作成のため，全国共通というメリットはあるが，地域の小・中学校との教科交流では不都合が生じることもある。また，高等部の点字教科書は点字出版所などにて編集・発行されている。

　弱視の児童生徒の小・中学校用の拡大教科書は教科書会社から検定教科書と併せて出版されている。しかし，高等部の拡大教科書は，専門的な内容で種類が多いこと，中学部までに弱視レンズやタブレットなどの視覚補助具を活用するスキルが向上していることなどから発行が普及していない。

　わが国では原典となる教科書が頻繁に改訂され，点字教科書や拡大教科書の改訂に対応するには多くの労力が必要となる。小・中・高等学校在籍の視覚障害のある児童生徒の点字教科書や拡大教科書は，点訳ボランティアや拡大教科書作成ボランティアによるプライベートサービスで作成されている。

　こうした点字教科書や拡大教科書は，学校教育法34条－2及び附則9条によって，教科書として認められている。また，2008年公布「障害のある児童

及び生徒のための教科用特定図書などの普及の促進等に関する法律」（教科書バリアフリー法）により，2009年度から小・中学校に在籍する視覚障害のある児童生徒にも拡大教科書と点字教科書が無償給与となった。

❿　自立活動 ....

　自立活動で取り扱う内容は6区分（健康の保持，心理的な安定，人間関係の形成，環境の把握，身体の動き，コミュニケーション）27項目が示されている。視覚障害児に対する自立活動の内容は，まずはその児童生徒の視覚障害の状態を把握して，その状態に応じた具体的な個別の指導計画を立案することになる。視覚障害のある児童生徒の自立活動の代表的な取組みとして，次の7点が挙げられている[8]。

---

①手指の使い方や探索に関すること

　　視覚障害児の探索行動において，手指を効果的に使って探索する技術を身につけることを，幼児期から系統的に指導することが大切です。

②空間概念や運動動作に関すること

　　視覚障害児は運動や動作を視覚的模倣により身につけることに課題があることから，身体座標による方向の定位や表現，空間の定位を意識づけることが大切です。

③歩行指導に関すること

　　視覚障害児が「単独で，安全に，効率良く目的地に移動する」ことを目的とする歩行指導は，長期的かつ系統的な取り組みが必要となります。歩行指導は「Orientation and Mobility Training」と訳されますが，空間定位と身体移動がポイントになります。

　　幼少期には歩行の楽しさを追求することを通して，ボディ・イメージを形成し，自分と周囲との位置関係を理解して，触覚や聴覚を上手に利用できるように働きかけます。空間のイメージが定着するまでは，教室や学校内の配置を変えないことも有効な支援になります。小学部からは，白杖を用いた歩行指導が導入されます。ランドマークの活用やメンタルマップの形成を促し，次第に，生活圏を拡大していくことを目的とします。

　　低視力や視野狭窄，夜盲や昼盲等の弱視児についても，安心・安全な歩行のためには，歩行指導は必要です。また，中途視覚障害者については，通学だけでなく安全な社会生活のために，歩行訓練士による専門的な歩行指導を活用することも必要となります。

④点字の初期指導に関すること

　　点字学習のレディネスとしては，手指運動のコントロール，触覚による弁別学習，図形の弁別や構成・分解，話し言葉の習得等が必要となります。五十嵐（1993）は，視覚

障害乳幼児には積極的な手指運動の発達指導が大切であると指摘しています。先天盲児に点字を指導する場合，一般的には読みの学習を先行させ，触読できるようになってから書きの学習を導入することになります。なお，読み速度の基準として，文科省(2003)[2]では，「入門期を終了した時点で1分間に150マス，教科学習を普通に行うには1分間に300マス，効率的に行うには1分間に450マス必要」としています。また，書きについては，初期段階では点字タイプライターを使用する指導を行いますが，小学部高学年では点字盤を使用して学習を効果的に進めるように指導することや，点字競技会を開催して，点字の読み書き能力を意識的に高まることが指摘されています。

⑤日常生活動作（ADL）に関すること

　幼少期では，食事・排泄・衣服の着脱等の身辺自立に関することが課題となります。学齢期になり，寄宿舎で生活するようになることから，整理・整頓，掃除・洗濯，身の回りの家事に取り組むことになります。高等部を卒業するまでには，暮らしに伴う家事（買い物，食事の調理・片付け），衣服の購入とコーディネート，福祉サービスの利用に関する様々な手続き，一人暮らしの場合はアパートの契約やご近所とのつきあい方等々，多岐にわたりますので，自立活動の時間だけでなく，福祉サービスの支援を受けて準備することが大切です。

⑥視知覚の向上に関すること

　弱視児の多様な見えにくさの実態を把握（医療データの理解と活用）して，適切に視覚補助具を活用した指導内容を構築することが大切です。代表的な視覚補助具として，弱視レンズと拡大読書器があります。弱視レンズは黒板等を見るための遠用弱視レンズと机上の読み書きや事物の観察に使用する近用弱視レンズがあります。弱視レンズの選定条件は，学校における用途はもちろんですが，眼疾患と視機能が関係してきますので，かかりつけのロービジョンクリニック等と連携して進めてください[10]。弱視レンズを使いこなすには，早期からの継続的な指導が大切です。

⑦コンピューター等の活用に関すること

　視覚障害者の社会生活においても，携帯電話やパソコンは日用品となってきています。大学に進学する場合，パソコンを用いたネットワークで受講登録，連絡事項の受信，資料の検索やレポート提出に対応しておく必要があります。障害者の支援部門が充実している大学は少ないので，基礎的な技術については，卒業までに身につけておく必要があります。

🔢 職業教育

　視覚障害教育は，明治期に盲学校が創設された当初から，職業教育として鍼按の授業が行われ，三療（あんまマッサージ指圧・鍼・灸）が視覚障害者

の職業として普及・発展してきた。しかし，1947年に「あんまマッサージ指圧師，はり師，きゅう師等に関する法律」が成立し，都道府県が実施する資格試験に合格することが必要となったこと，晴眼者にも資格取得が開放されたことなどから，視覚障害者はこの職業分野において少数派となってきた。また，1988年の同法改正によって三療の資格は国家資格となり，専門職としてのレベルアップが進んでいる。このため，高等部専攻科理療科在籍数は，近年，急激な減少傾向である。なお，1960年代にピアノ調律師の養成や電話交換業務などへの進出が盛んに行われたが，電子ピアノや携帯電話の普及などにより次第に衰退した。1987年には視覚障害者の高等教育機関として筑波技術短期大学（現，筑波技術大学）が創設され，鍼灸，理学療法，情報処理の分野の職業教育が進められている。

【文献】
1）五十嵐信敬（1993）：視覚障害幼児の発達と指導．コレール社．
2）文部科学省（2003）：点字学習指導の手引き（平成15年改訂版）．日本文教出版．
3）文部科学省（2017）：特別支援学校小学部・中学部学習指導要領．
4）森まゆ（2015）：盲児の指導．青柳まゆみ・鳥山由子編著，視覚障害教育入門改訂版．ジアース教育出版，pp.36-45.
5）森まゆ（2015）：弱視児の指導．青柳まゆみ・鳥山由子編著，視覚障害教育入門改訂版．ジアース教育新社，pp.48-55.
6）鳥山由子（2015）：教科の指導．青柳まゆみ・鳥山由子編著，視覚障害教育入門改訂版．ジアース教育新社，pp.66-76.
7）鳥山由子（2015）：視覚障害児童生徒のための教科書．青柳まゆみ・鳥山由子編著，視覚障害教育入門改訂版．ジアース教育新社，pp.78-89.
8）鳥山由子（2015）：自立活動の指導．青柳まゆみ・鳥山由子編著，視覚障害教育入門改訂版．ジアース教育新社，pp.90-99.
9）全国盲学校長会編著（2018）：新訂版　視覚障害教育入門Q&A．ジアース教育新社．
10）山本修一・加藤聡・新井三樹（2018）：新しいロービジョンケア．メジカルビュー社．

2 心理・生理・病理

1 眼の構造 ……………………………………………………………………

　眼球は直径がおよそ24mmのほぼ球形の器官であり，外膜（角膜，強膜），中膜（虹彩，毛様体，脈絡膜），内膜（網膜）という３つの膜で構成されており，その内部に，房水，水晶体，硝子体が存在している。眼に入ってくる光は，図３-２-１[1]のように，主に角膜と水晶体によって屈折して網膜上に焦点を結ぶ。このとき虹彩は絞りの役割を担っている。

　網膜は眼球の内側にあり，光の処理に関して重要な働きを行っている。光はまず網膜にある視細胞によって認識される。視細胞は錐体と杆体の２つに分けられる。錐体と杆体には役割分担があり，図３-２-２[4]のように，働きと網膜上の分布が異なっている。錐体はおよそ500万個あるとされ，明るい場所で機能して，視力や色覚に関係しており，中心窩に多く存在し，周辺部では少ない。杆体はおよそ１億２千万個存在し，暗い場所で光を検出する能力は高いが，色覚はない。杆体は中心窩にほとんどなく，中心窩から15

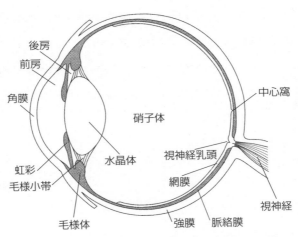

図３-２-１　眼球の構造（Goldstein, E. B. 1999　筆者一部編集）

〜20度の部分に最も多く，周辺部では少なくなる。

　視細胞で得た光情報は双極細胞，水平細胞，アマクリン細胞を経て神経節細胞に伝達される。神経節細胞から出た神経線維は視神経乳頭に集まり，視神経となって眼球外に出る。視神経乳頭の部位には視覚感度がなく，マリオット盲点という。その後，視交叉で左右眼の情報のうち網膜の耳側半分はそのまま同側に行くが，鼻側半分からの情報は反対側に行き，視索となって外側膝状体に至り，視放線を形成して後頭葉の視中枢に達する。

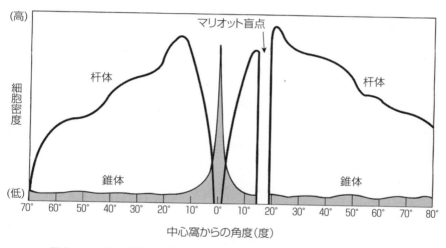

図3－2－2　網膜上の視細胞分布（Schwartz, S. H. 1999　筆者一部編集）

2　視覚を支える機能

(1)　視力

　図3－2－3のように，どれくらい小さい物を判別できるかという眼の能力を表している。視力検査では標準視標としてランドルト環が用いられており，図3－2－4のように，方向をかろうじて判別できる切れ目の最小視角を測定している。ランドルト環の切れ目と外径の比率は1：5であり，切れ目が0.15cm，外径が0.75cmのランドルト環を5mの距離で見たとき，切れ目

の視角は1分である。明るさは輝度80〜320 cd/㎡が標準である。

　我々が視力と呼んでいる数値は，最小視角（分）の逆数で求められ，小数視力という。最近では最小視角の常用対数である logMAR が用いられることもある。検査距離は5mを基本としている。眼鏡またはコンタクトレンズで矯正した視力を矯正視力，矯正しない視力を裸眼視力という。一般に，視力とは矯正視力のことをいう。

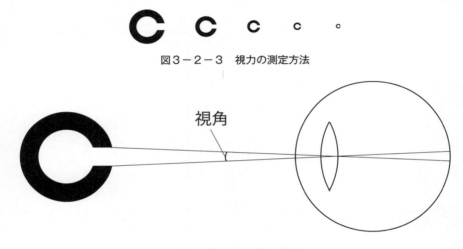

図3－2－3　視力の測定方法

図3－2－4　ランドルト環と視角

①視力0.1未満を測定する場合

　一般的に用いられる視力表では視力0.1（視角10分）までしか検査できないため，0.1の単独視標を使って5mよりも距離を短くして測定する。例えば距離3mまで近づいて測定される視力は，0.1×3/5＝0.06である。

②視力0.01未満を測定する場合

　まず指数弁を測定する。眼前に検査者が示した指の数を1本か2本のように答えさせる。指の数がわからなければ，次に手動弁の測定であり，眼前で手を動かして上下か左右の方向を問う。ペンライトなどの光をかざして手の動きがわからなければ光覚弁を測定し，光を視認できなければ視力0とする。

(2) コントラスト感度

　図3－2－5のように，どれくらい低いコントラスト（物体と背景の輝度比）の物を判別できるかを調べる。視標の大きさを固定して，判別できる最小のコントラスト（コントラスト閾）を測定し，その逆数をコントラスト感度とする。コントラスト感度は，視力とは異なる眼の能力を表している。

図3－2－5　コントラスト感度の測定方法

(3) 視野

　視線を固定して一点を固視した状態で見える範囲をいう。片眼の正常視野の広さは，耳側100°，鼻側60°，上方60°，下方70°である。視野の中心に近いほど感度は高く，周辺部では低くなる。視神経乳頭の部位に相当する耳側15°には直径5°で感度のない所があり，マリオット盲点という。視野における感度とは対象の大きさや明るさを変えて判別できるかを測定しており，視力とは異なる。

(4) 屈折

　対象からの光は，角膜・水晶体で屈折して網膜上で焦点を結ぶ。屈折の状態は，無調節のときに，図3－2－6のように，眼に入る平行光線がどこで焦点を結ぶかで表される。平行光線が網膜上で焦点を結ぶ場合を正視という。眼軸長に対して屈折力が強く，網膜の前に焦点ができる場合を近視といい，凹レンズで矯正される。眼軸上に対して屈折力が弱く，網膜の後方に焦点ができる場合が遠視で

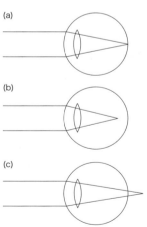

図3－2－6　屈折異常
(a)正視　(b)近視　(c)遠視

あり，凸レンズで矯正される。乱視とは，眼の経線によって屈折力が異なるために一点で焦点が合わない状態をいう。

(5) 調節

　水晶体の厚さを増すことで屈折力が増加し，様々な距離の対象に対してピントを合わせることができる。屈折力を変えられる程度を表したのが調節力であり，調節力が高いほど，遠方から近方まで幅広い距離の対象に対してピントを合わせることができることを意味する。調節力は年齢とともに低下する。加齢により調節力が低下し，調節しても近くをはっきりと見ることができなくなった状態を老視という。一般に40～45歳で老視が始まる。調節力の不足分を補うためには凸レンズ（プラスレンズ）の眼鏡を用いる。

(6) 光覚

　明所視では錐体，暗所視では杆体が，中間の薄明視では錐体と杆体の両方が働く。暗い場所から明るい場所に出たとき，一時的に眩しく感じるが，すぐ慣れて見えるようになることを明順応といい，1秒程度で完了する。明るい場所から暗い場所に入ると，すぐには何も見えないが時間が経つと慣れて見えるようになるのが暗順応であり，まず錐体が，その次に杆体が関与する。暗順応の完成には30～40分程度を要する。暗所に入ってからの経過時間別に光覚閾（検出できる最小の光の強さ）を記録したものを暗順応曲線という。

(7) 色覚

　可視光線（400～800nm）の波長の違いを色として認識する機能であり，視細胞のうち錐体が関与しているため，明るい場所で視野の中心で見たときに最もよく機能する。波長によって3種類の錐体（S，M，L 錐体）からの信号の強さのバランスが変わり，その情報が視覚野に伝達され，色が認識される。

❸　代表的な眼疾患 ···

(1)　先天白内障

　出生時から水晶体の混濁をみるものをいう。他の眼疾患や全身疾患を伴うこともある。乳幼児は視機能の発達時期であるため，手術や屈折矯正などの治療方策が慎重に決定される。

(2)　網膜色素変性

　視細胞のうち，杆体がまず障害され，徐々に錐体も障害される遺伝性網膜疾患である。夜盲（暗所で見えにくい），視野障害（輪状暗点，求心性視野狭窄）がみられる。中心窩は末期まで障害されにくいため，視力は比較的長く保たれる。聴覚障害を合併したものをアッシャー症候群という。

(3)　小児緑内障

　眼の隅角（眼内を循環する房水の出口）の形成異常を原因とする原発と，先天眼形成異常や先天全身疾患，後天的要因による続発に大別される。原発先天緑内障では眼圧上昇，眼球拡大，角膜径の拡大（牛眼）などがある。

(4)　白皮症

　ぶどう膜のメラニン細胞のメラニン色素が先天的に全くないか，極めて少ない状態にある。羞明，視力低下，眼振などがある。全身の皮膚と眼の両方で色素が欠損している場合を全身白皮症，皮膚には異常がなく眼のみの場合を眼白皮症という。

(5)　未熟児網膜症

　網膜血管が未熟な状態で出生した赤ちゃんにおいて，網膜に新生血管が増殖する疾患である。網膜剥離をきたし，高度な視力障害となる場合がある。

4 弱視（ロービジョン）の見え方分類 ··

弱視（ロービジョン）の見え方は図３－２－７のように分類される。

(A) 視力の低い見え方：ものの輪郭が不明瞭で細部の構造がわからない。屈折異常，角膜や水晶体の混濁，網膜の機能低下などが主に関係している。

(B) 低いコントラストが見えにくい見え方：角膜や水晶体などの中間透光体の混濁によって光が散乱して網膜に映る像がうすくなる，網膜以降の感度低下等により，物体と背景の輝度（明るさ）の違いが小さいと見えにくい。

(C) 視野が狭い見え方：周辺の視野が見えず，視野の中心しか使えない。移動（歩行）に困難が起こるが，読み行動への影響はそれほど大きくはない。

(D) 視野の中心が見えない見え方：視野の中心だけが見えなくなる。読みと顔認知などの視覚行動に困難が起こる。

(E) その他の見え方：照明への不適応（夜盲，グレア）がある。グレアは光が強いことで不快に感じたり見えにくかったりする状態で，光散乱や錐体機能障害などが原因とされ，様々な眼疾患において起こりうる。

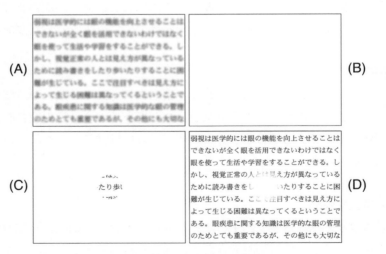

図３－２－７　弱視の見え方分類

5 見やすい条件を明らかにするための評価方法 ……………………

(1) コントラストポラリティ

　白背景に黒物体から黒背景に白物体というように，背景と物体の明るさ（輝度）を反転させる方法をコントラストポラリティ（白黒反転，極性反転）という。コントラストポラリティは，グレア（羞明，眩しさ）

図3－2－8　コントラストポラリティの例

を有する弱視において，視認性の向上に有用であるとされている。

　グレアに対してコントラストポラリティが有効である理由の一つとして，光の散乱を最小限にする効果が考えられている。白背景に黒物体では，背景の白地から散乱した光が物体にかかり，物体の空間解像度とコントラストを低下させてしまう。これに対して黒背景に白物体では，物体から光が周囲に光が散乱して広がるが，物体の認識には影響が少ない。

　コントラストポラリティが有効か否かは，見比べたときの主観的な好みだけでなく，客観的な評価でも判断することが望ましい。例えば，白背景と黒物体，黒背景と白物体の条件間で視力がどちらの条件で高くなるのか，どちらがより小さい文字まで読めるのか，読書速度が速いのはどちらなのか，を比較する方法がある。あるいは，ボールを転がしたときの追視の状態を，黒い床の上での白いボールと白い場所での黒いボールのときで比較する，などの工夫も考えられる。

　コントラストポラリティは，反転コピーだけでなく，Mac や Windows のアクセシビリティ機能を使えばディスプレイ上で簡単に実現できる。iPad ではカメラ機能に反転表示があり，教科書・教材閲覧用に開発されている各種アプリでもコントラストポラリティは利用可能である。

(2) MNREAD－J 読書チャート

　文字サイズ別に読書速度を測定するチャートである。読みに適した文字サ

イズを明らかにすることを目的としており，眼科検査では読書検査として位置づけられている。図３－２－９(a)のように，刺激文章は30文字の漢字仮名交じり文であり，文章内の漢字の数は教育漢字８文字で統制されている。文字サイズは0.8倍ずつ小さくなっており，ポイントサイズ，logMARなどで定義されている。検査距離は30cmである。漢字仮名交じり文の他に平仮名単語版のMNREAD−Jkチャート，コントラストポラリティ効果を評価できる白黒反転版もある。測定を容易に実施するためのiPadアプリ版も開発されている。

　測定は検査距離が変わらないように注意する。文字サイズが大きい条件から開始し，できるだけ速くかつ正確に音読することが教示される。所要時間と誤答数を記録し，読書速度（１分間に正しく読める文字数）を文字サイズ別に算出する。グラフに文字サイズ別の読書速度をプロットすることで読書曲線を作成することができる。読書速度は文字サイズの減少に伴って単調に遅くなるのではなく，図３－２－９(b)のように読書曲線は特徴的な形状をしている。一般に，大きい文字サイズの範囲ではすらすらと読むことができる

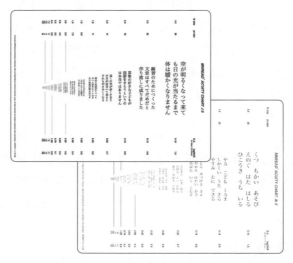

図３−２−９(a)　MNREAD−J読書チャート

が，ある文字サイズを境にして読書速度は急激に低下する。すらすらと読むことができるときの読書速度を最大読書速度，最大読書速度で読める最小サイズを臨界文字サイズ，かろうじて読むことができる文字サイズを読書視力という。これら3つの値は視力や視野の状態によって変化する。

　拡大率は，"読みたい物の文字サイズ"に対する"すらすらと読める文字サイズ"の比で算出できる。

$$拡大率（倍）＝\frac{すらすらと読める文字サイズ}{読みたい物の文字サイズ}$$

　ここでの"すらすらと読める文字サイズ"とは臨界文字サイズ以上の文字サイズである。拡大率に基づく拡大方法には2とおりある。

①読みたい物そのものを大きくする

　読みたい物を大きくすることで網膜上の像を大きくする方法である。例えば，MNREAD−Jの結果から拡大率が3倍であることが算出され，検査距離と同じ距離30cmで見たいときに，読みたい物が10ポイントなら30ポイント

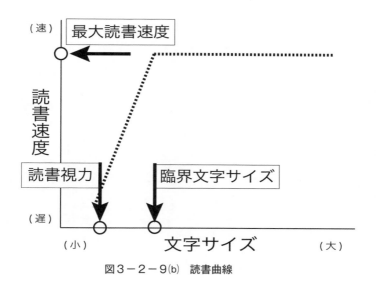

図3−2−9(b)　読書曲線

に拡大して提示する方法である。この方法は，拡大印刷や大活字本，拡大読書器，iPad などのタブレット端末，PC 画面による拡大提示が該当する。

②眼を近づけて大きくする

　読みたい物に眼を近づけることで，網膜上の像を大きくする方法である。例えば，読みたい物が10ポイントで，検査距離30cmでの MNREAD－J の結果で拡大率が３倍なら，距離10cmで読みたい物を見る方法である。拡大鏡による拡大はこの原理に基づいている。

6　視覚補助具 ………………………………………………………

(1)　弱視レンズ

　レンズを用いた光学的補助具の総称である。近用は拡大鏡（ルーペ）ともいい，凸レンズ（プラスレンズ）を使用しており，いわゆる虫眼鏡と同じ仕組みである。拡大鏡は眼を近づけて読みたい物を大きく見るときに，網膜上にピントが合うようにするための補助具である。読みたい物を明るくするためのライト付きもある。拡大鏡の度数は，拡大率と眼の屈折の状態に基づいて決定される。手に持って使う手持ち式，読みたい対象の上に載せて使うスタンド付き，眼鏡枠に専用の拡大レンズを組み込んだ眼鏡式の３種類があり，使用目的や視機能に応じて選択する。黒板，掲示板などを見るための遠用の弱視レンズとして単眼鏡がある。いわゆる望遠鏡と同じ原理である。

図３－２－10　拡大鏡

図３－２－11　単眼鏡

(2)　拡大読書器

　ビデオカメラで写した映像をモニタ画面上に大きく映し出す補助具である。据え置き型と携帯型がある。カメラの下に置いた読材料を縦横に動かすXYテーブルの付いた据え置き型では，行たどりや改行を素早く行うことができる。拡大率はボタン操作で数十倍まで簡単に変えることができる。コントラスト強調，反転表示，行たどりのためのラインやマスク表示の機能もある。

図3－2－12　拡大読書器

(3)　遮光眼鏡

　グレアの軽減を目的とした視覚補助具である。特定の波長のみを透過させる機能と透過させる明るさを減じる機能を有するのが特徴であり，前者は分光透過率曲線，後者は視感透過率で定義される。遮光眼鏡の多くは，短波長光の透過を抑制した分光透過率曲線となっている。

　数多くの種類が製品化されており，使用の際には分光透過率曲線と視感透過率に注目する必要がある。

【文献】
1）Goldstein, E. B.（1999）：Sensation and Perception, 5 th edition, Brooks/Cole Publishing Company.
2）神戸アイセンター病院編（2019）：ポイントマスター！ロービジョンケア外来ノート. 三輪書店.
3）根木昭監修，飯田知弘・近藤峰生・中村誠・山田昌和編（2016）：眼科検査ガイド 第2版. 文光堂.
4）Schwartz, S. H.（1999）：Visual Perception：A Clinical Orientation, Second Edition. New York：McGraw-Hill.
5）所敬監修，吉田晃敏・谷原秀信編（2018）：現代の眼科学　第13版. 金原出版.

BASIC

第 **4** 章

聴覚障害者の教育

1 教育

❶ 聴覚障害特別支援学校 ……………………………………………………

(1) 対象となる幼児児童生徒

　学校教育法施行令第23の３に「両耳の聴力レベルがおおむね60デシベル以上のもののうち，補聴器等の使用によっても通常の話声を解することが不可能又は著しく困難な程度のもの」と定められている。

(2) 設置学部

　学校によって学部の設置は異なるが，幼稚部・小学部・中学部・高等部・専攻科が設置されている。

(3) 教育の重点

　2017年に告示された特別支援学校小学部・中学部学習指導要領[1]，ならびに，2019年に告示された特別支援学校高等部学習指導要領[4]において，聴覚障害特別支援学校における教育の重点が示された。

①小学部・中学部

●学習の基盤となる言語概念の形成と思考力の育成

> 　体験的な活動を通して，学習の基盤となる語句などについて的確な言語概念の形成を図り，児童の発達に応じた思考力の育成に努めること。

●読書に親しみ書いて表現する態度の育成

> 　児童の言語発達の程度に応じて，主体的に読書に親しんだり，書いて表現したりする態度を養うよう工夫すること。

●言葉等による意思の相互伝達

児童の聴覚障害の状態等に応じて，音声，文字，手話，指文字等を適切に活用して，発表や児童同士の話し合いなどの学習活動を積極的に取り入れ，的確な意思の相互伝達が行われるよう指導方法を工夫すること。

●保有する聴覚の活用

児童の聴覚障害の状態等に応じて，補聴器や人工内耳等の利用により，児童の保有する聴覚を最大限に活用し，効果的な学習活動が展開できるようにすること。

●指導内容の精選等

児童の言語概念や読み書きの力などに応じて，指導内容を適切に精選し，基礎的・基本的な事項に重点を置くなど指導を工夫すること。

●教材・教具やコンピュータ等の活用

視覚的に情報を獲得しやすい教材・教具やその活用方法等を工夫するとともに，コンピュータ等の情報機器などを有効に活用し，指導の効果を高めるようにすること。

②高等部

●抽象的，論理的な思考力の伸長

生徒の興味・関心を生かして，主体的な言語活動を促すとともに，抽象的，論理的な思考力の伸長に努めること。

●読書習慣や書いて表現する力の育成と情報の活用

生徒の言語力等に応じて，適切な読書習慣や書いて表現する力の育成を図り，主体的に情報を収集・獲得し，適切に選択・活用する態度を養うようにすること。

●正確かつ効率的な意思の相互伝達

　生徒の聴覚障害の状態等に応じて，音声，文字，手話，指文字等を適切に活用して，発表や生徒同士の話合いなどの学習活動を積極的に取り入れ，正確かつ効率的に意思の相互伝達が行われるよう指導方法を工夫すること。

●保有する聴覚の活用

　生徒の聴覚障害の状態等に応じて，補聴器や人工内耳等の利用により，生徒の保有する聴覚を最大限に活用し，効果的な学習活動が展開できるようにすること。

●指導内容の精選等

　生徒の言語力等に応じて，指導内容を適切に精選し，基礎的・基本的な事項に重点を置くなど指導を工夫すること。

●教材・教具やコンピュータ等の活用

　視覚的に情報を獲得しやすい教材・教具やその活用方法等を工夫するとともに，コンピュータ等の情報機器などを有効に活用し，指導の効果を高めるようにすること。

(4)　聴覚障害とコミュニケーション手段

①歴史的背景

　現在の聴覚障害教育は，様々な経過を経て，確立されてきた。一例を引けば，ド・レペやハイニッケによる手話口話論争といった指導方法をめぐる論争や，1880年のミラノ会議で聴覚障害教育では口話法が採択され手話法が明確に否定されたこと，聴覚障害者の尊厳が守られていなかった時代があることなどがある。また，わが国では，1879年創立の京都盲唖院や1880年創立の楽善会訓盲院において手勢（手話），筆談などによる教育に始まり，1933年の全国盲唖学校長会を契機に手話から口話法による教育が広まっていった。そして，1995年に木村晴美・市田泰弘の「ろう文化宣言」に端を発し，今世

紀になり，手話を含む様々なコミュニケーションが活用されるようになった。

②代表的なコミュニケーション手段

●聴覚口話法

　補聴器や人工内耳によって保有聴力を最大限に活用し，音声言語を主な媒体としてコミュニケーションをとる方法である。

●キュード・スピーチ

　聴覚口話法における読話の補助として指の形と手の位置で表したキューサインを併用する方法である。母音は口形で識別し，子音は手の位置，形，動きなどを組み合わせたキューで識別する。学校によってキューサインが異なる。

●手話法

　手の動きを中心とし身振りや表情で，意思や概念を伝える。手話は音声との対応の程度により，日本語対応手話，日本手話，中間型手話に分けられる。日本語対応手話は日本語の語順に対応しており，助詞も含めて表現する。日本手話は，単語や語順など表現に関する規則が日本語と異なる部分がある。中間型手話は日本語対応手話と日本手話の中間型である。

●指文字

　1つの手指の形で1つの文字を表す。新しく出てきた言葉や固有名詞など，手話にない言葉の表現に使用される。わが国で使われている指文字は，大曾根源助がアメリカ視察をした際，ヘレンケラーからアメリカ式の指文字の存在を知らされ，帰国後にアメリカの指文字から考案したものであり，大曾根式と呼ばれる。

(5)　自立活動

　自立活動は特別支援学校の教育課程において特別に設けられた指導領域である。自立活動は，授業時間を特設して行う"自立活動の時間における指導"と，学校生活全般で配慮しながら行う"自立活動の指導"がある。例えば，自立活動の時間における指導において，補聴機器を外したときの取扱い

について学び，水泳（体育）の前後に授業において学習した補聴機器の取扱い（置く場所を決めているかなど）が活かされているか指導することが生活全般で配慮しながら行う自立活動の指導にあたる。自立活動の時間における指導のみで指導は完結するわけではなく，学校生活全般を通して自立活動を進めていく視点が大切である。

　聴覚障害のある児童生徒の自立活動においては次のような指導内容が主な内容とされている[7]。

---

① 聴覚活用に関する内容
　　ア 補聴器等を活用する指導
　　　・補聴器や人工内耳の取り扱いや管理
　　　・補聴器や人工内耳の装着習慣
　　　・聴力や補聴器等についての知識
　　イ 保有する聴覚を活用する指導
　　　・音，音楽の聴き取り
　　　・言葉の聞き取り
　　　・聴覚活用への関心・意欲
② コミュニケーション・言語に関する内容
　　ア コミュニケーションに関する指導
　　　・コミュニケーションの意欲・態度
　　　・コミュニケーション手段（手話，指文字，キュード・スピーチ，読話，その他の補
　　　　助的な手段の活用）
　　イ 日本語の基礎的・基本的な言語体系の習得に関する内容
　　　・語彙，文，文章などによる理解と表出
　　　・正しい発声・発話を促す指導
③ 発音・発語に関する内容
　　ア 音器（息，声，舌，あご，唇など）
　　イ 単語（母音，子音）
　　ウ 語句，文
④ 障害認識に関する内容
　　ア 自己の障害の理解，自己を肯定的にとらえる機会
　　イ 障害による困難さを改善・克服する意欲
　　ウ 聞こえやすさやコミュニケーションのしやすさのための環境調整

⑹　教育の実際

①幼稚部

　3〜5歳の3年間にわたって幼稚園教育要領に準じ，聴覚障害のある幼児が個別の指導計画に基づいて，健康，人間関係，環境，言葉及び表現，自立活動の領域について総合的に指導を受けている。その指導は集団指導が重視され，聴覚障害のある幼児は，学校生活の諸活動や遊びなどを通して，級友や教師との人間関係を広げながら，聴覚活用・言葉・発音・手指サインのスキルを高めていく。また，個別指導にも配慮がなされ，個々の状態に応じて，聴覚や発音，言語指導を中心とした自立活動の指導が行われる。さらに，家庭における聴覚障害のあるわが子の子育てや関わり方などについて保護者への教育相談や支援も行われている。

②小学部

　幼稚部で培った生活経験や言語力を基盤にして学習活動が開始される。しかし，国語・算数・理科・社会などの教科教育を始める際に，聴覚障害のある児童の言語力・社会性・生活経験などの基盤が不足していることが課題となる。各教科の教科書に記述されている書記言語の文章を読んで理解する力が必要となるが，語彙や文法の理解，語用論的知識などの不足が原因で，初期段階から学習が進まない事例が多い。そのため，幼稚部から小学部低学年にかけて，話しことばから書きことばへの移行を重視する「わたりの指導」が重点的に行われている。

③中学部

　聴覚障害のある生徒は学力差が生じる傾向があり，様々な教育的対応が求められるようになる。つまり，聴覚障害のある生徒にとってわかりやすいコミュニケーション方法を考慮し，意欲や関心を高めながら，生徒一人一人の状態に適した学習環境を構成する必要がある。そのため，読み書き能力を高めることを重視した国語の指導，計算力を基礎に置いた数学の指導などの基礎学力を養成する指導を行いながら，学年に対応した教育内容を行っていかなければならない。また，青年期の入口を迎える時期を考慮して，聴覚障害

に関する障害認識を深める自立活動の実施も重要となる。

④高等部・専攻科

高等部には普通学科以外に，職業学科が設置されている。職業学科に対応する専門教科・科目として印刷科，理容・美容科，クリーニング科，歯科技工科が設定されている。

●印刷科

科目構成　印刷概論，印刷デザイン，印刷製版技術，DTP技術，印刷情報技術，デジタル画像技術，印刷総合実習，課題研究の8科目からなっている。

目標　印刷に関する見方・考え方を働かせ，実践的・体験的な学習活動を行うことなどを通して，情報デザインと印刷物の作成を通じ，地域や社会の健全で持続的な発展を担う職業人として必要な資質・能力を次のとおり育成することを目指す。

(1)　印刷の各工程について体系的・系統的に理解するとともに，関連する技術を身に付けるようにする。

(2)　印刷産業に関する課題を発見し，職業人としての倫理観をもって合理的かつ創造的に解決する力を養う。

(3)　職業人として必要な豊かな人間性を育み，よりよい社会の構築を目指して自ら学び，印刷産業の創造と発展に主体的かつ協働的に取り組む態度を養う。

新学習指導要領での改善点　印刷科に関する新学習指導要領での改善点は次のとおりである。

ア　単元など内容や時間のまとまりを見通して，その中で育む資質・能力の育成に向けて，生徒の主体的・対話的で深い学びの実現を図るようにした。

イ　印刷に関する学科において育む資質・能力の育成に向け，原則として全ての生徒に履修させる科目（原則履修科目）を2科目示すとともに，各科目の履修においては実験・実習を充実させるようにした。

ウ　印刷産業に関する課題の発見や解決の過程において，協働して分析，考察，討議するなど言語活動の充実を図ることとした。

エ　個人情報や知的財産の保護と活用について扱うとともに，情報モラルや職業人として求められる倫理観の育成を図ることとした。

●理容・美容科

科目構成　関係法規・制度，衛生管理，保健，香粧品化学，文化論，理容・美容技術理論，運営管理，理容実習，美容実習，理容・美容情報，課題研究の11科目からなっている。

目標　理容・美容の見方・考え方を働かせ，実践的・体験的な学習活動を行うことなどを通して，理容・美容を通じ，公衆衛生の向上に寄与する職業人として必要な資質・能力を次のとおり育成することを目指す。

(1)　理容・美容について体系的・系統的に理解するとともに，関連する技術を身に付けるようにする。

(2)　理容・美容に関する課題を発見し，職業人に求められる倫理感を踏まえ合理的かつ創造的に解決する力を養う。

(3)　職業人として必要な豊かな人間性を育み，よりよい社会の構築を目指して自ら学び，人々の公衆衛生の向上に主体的かつ協働的に取り組む態度を養う。

新学習指導要領での改善点　理容・美容科に関する新学習指導要領での改善点は次のとおりである。

ア　単元など内容や時間のまとまりを見通して，その中で育む資質・能力の育成に向けて，生徒の主体的・対話的で深い学びの実現を図るようにした。

イ　理容・美容に関する各種技術や香粧品等の開発状況を考慮して，科学的な知識と実際的な技術の習得について特に留意するよう示した。

●クリーニング科

科目構成　クリーニング関係法規，公衆衛生，クリーニング理論，繊維，クリーニング機器・装置，クリーニング実習，課題研究の７科目からなっている。

目標 クリーニングの見方・考え方を働かせ，実践的・体験的な学習活動を行うことなどを通して，クリーニングを通じ，公衆衛生の向上に寄与する職業人として必要な資質・能力を次のとおり育成することを目指す。

(1) クリーニングについて体系的・系統的に理解するとともに，関連する技術を身に付けるようにする。

(2) クリーニングに関する課題を発見し，職業人に求められる倫理観を踏まえ合理的かつ創造的に解決する能力を養う。

(3) 職業人として必要な豊かな人間性を育み，よりよい社会の構築を目指して自ら学び，人々の公衆衛生の向上に主体的かつ協働的に取り組む態度を養う。

新学習指導要領での改善点 クリーニング科に関する新学習指導要領での改善点は次のとおりである。

ア 単元など内容や時間のまとまりを見通して，その中で育む資質・能力の育成に向けて，生徒の主体的・対話的で深い学びの実現を図るようにした。

イ クリーニング産業に関連する各種化学繊維や機器などの技術の進展を踏まえ，科学的な知識と実際的な技術の習得を図るよう示した。

ウ クリーニングに関する課題の解決方策について科学的な根拠に基づき理論的に説明することや討論することなど言語活動の充実を図ることとした。

●歯科技工科

科目構成 歯科技工関係法規，歯科技工学概論，歯科理工学，歯の解剖学，顎口腔機能学，有床義歯技工学，歯冠修復技工学，矯正歯科技工学，小児歯科技工学，歯科技工実習，歯科技工情報，課題研究の12科目からなっている。

目標 歯科技工の見方・考え方を働かせ，実践的・体験的な学習活動を行うことなどを通して，歯科技工を通じ，歯科医療の発展に寄与する職業人として必要な資質・能力を次のとおり育成することを目指す。

(1) 歯科技工について体系的・系統的に理解するとともに，関連する技術を身に付けるようにする。

(2)　歯科技工に関する課題を発見し，職業人に求められる倫理観を踏まえ合理的かつ創造的に解決する能力を養う。

(3)　職業人として必要な豊かな人間性を育み，よりよい社会の構築を目して自ら学び，歯科医療の発展に主体的かつ協働的に取り組む態度を養う。

|新学習指導要領での改善点|　歯科技工科に関する新学習指導要領での改善点は次のとおりである。

> ア　単元など内容や時間のまとまりを見通して，その中で育む資質・能力の育成に向けて，生徒の主体的・対話的で深い学びの実現を図るようにした。

　高等部の場合，聴覚障害特別支援学校中学部から進学する生徒がいる一方で，中学校から進学する生徒も少なくない。そのため，聴覚障害生徒のコミュニケーション方法は音声言語や手話など多様で，学力は中学部と比較して更に差が開く傾向にあり，個に配慮した指導を行う必要がある。高等部では，学年対応の教科書を使用することが前提であるが，必要に応じて，内容を精選した上で指導が行われることが多い。学校によっては高等部にて中学校の教科書を使用する学校もある。進路としては，製造業や情報関連企業を中心として大手の企業に就職する者が多いが，近年は大学や専門学校などの高等教育機関への進学も増加している。

❷　小学校・中学校

(1)　設置学級と対象となる幼児児童生徒

①難聴特別支援学級

　就学対象となる児童生徒の障害の程度は，通知（平成25年10月4日付25文科初第756号初等中等教育長通知）によって「補聴器等の使用によっても通常の話声を解することが困難な程度のもの」と定められている。

②通級による指導（難聴）

　指導の対象となる児童生徒の障害の程度は，通知（平成25年10月4日付25

文科初第756号初等中等教育長通知）によって「補聴器等の使用によっても通常の話声を解することが困難な程度の者で，通常の学級での学習におおむね参加でき，一部特別な指導を必要とするもの」と定められている。

(2) 教育の重点
①難聴特別支援学級

2017年に告示された小学校学習指導要領[2]ならびに中学校学習指導要領[3]において次のような特別支援学級の教育課程編成に関する内容が示された。このことによって，難聴特別支援学級においても，自立活動の指導が正式にできるようになった。

> イ　特別支援学級において実施する特別の教育課程については，次のとおり編成するものとする。
> 　㋐　障害による学習上又は生活上の困難を克服し自立を図るため，特別支援学校小学部・中学部学習指導要領第7章に示す自立活動を取り入れること。　　　　　（以下，省略）

②通級による指導（難聴）

2017年に告示された小学校学習指導要領[2]ならびに中学校学習指導要領[3]において次のような通級による指導に関する内容が示された。このことによって，通級による指導の運用が正式に示されたことになる。

> イ　特別支援学級において実施する特別の教育課程については，次のとおり編成するものとする。
> ウ　障害のある児童に対して，通級による指導を行い，特別の教育課程を編成する場合には，特別支援学校小学部・中学部学習指導要領第7章に示す自立活動の内容を参考とし，具体的な目標や内容を定め，指導を行うものとする。その際，効果的な指導が行われるよう，各教科等と通級による指導との関連を図るなど，教師間の連携に努めるものとする。

(3)　教育の実際

①難聴特別支援学級

　難聴特別支援学級は，通常の学級の教育課程を進めるにあたり，音声言語（話し言葉）の受容・表出（聞くこと・話すこと）についての特別な指導が主として行われている。同時に，小・中学校に設けられることから，通常の学級との交流及び共同学習が，難聴の児童生徒の障害の状態などに応じて，随時，行われやすいことに特徴があるとされている。

②通級による指導（難聴）

　近年，人工内耳装用児は小中学校の通常の学級に在籍する傾向にある。聴覚障害のある児童生徒がインテグレートされた環境で学ぶことは，聴者が大多数である社会に適応する学習として極めて重要な意味を含んでいると同時に，聴児にとっても聴覚障害のある児童生徒に関する理解を深める機会となり，双方にとって貴重な体験学習の機会となる。しかし，実際には，日本語能力や知的発達が標準以上の聴覚障害のある児童生徒であっても，学校内の音声のコミュニケーション環境に適応していけない事例が多い。周囲から疎外感を感じたり，聴覚障害のある児童生徒の行動が間違っている場面でも"聞こえないのだから仕方ない"という考えのもとで特別扱いされてしまったりすることが多々ある。このような厳しい環境の中で，聴覚障害のある児童生徒が豊かな社会性を身に付けていくために，通級による指導を受けることが少なくない。

【文献】
1）文部科学省（2017）：特別支援学校小学部・中学部学習指導要領.
2）文部科学省（2017）：小学校学習指導要領.
3）文部科学省（2017）：中学校学習指導要領.
4）文部科学省（2018）：特別支援学校学習指導要領解説各教科等編（小学部・中学部）.
5）文部科学省（2019）：特別支援学校高等部学習指導要領.
6）文部科学省（2019）：特別支援学校学習指導要領聴覚障害者専門教科編（高等部）.
7）国立特別支援教育総合研究所（2020）：特別支援教育の基礎・基本2020.　ジアース教育新社.

2　心理・生理・病理

■1■　生理・病理 ……………………………………………………………………

(1)　聴覚器官の構造と機能

　聴覚器官は外耳，中耳，内耳，聴神経からなる。外耳と中耳とを伝音系，内耳と聴神経とを感音系聴覚器官と呼ぶ。図４－２－１[2)]に耳の構造の模式図を示した。

　外耳は耳介と外耳道からなり，耳介は集音と音の方向づけ，外耳道は音を鼓膜に伝える働きをする。外耳道は約24mmの一方が閉じた管であることから，音は2,500Hzから4,000Hzが共鳴して，約15dB増大する。

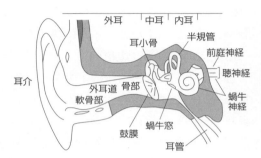

図４－２－１　耳の構造の模式図
（藤田，2015　筆者一部篇集）

　中耳は鼓膜の内側にある中耳腔の総称である。外耳道から伝えられた空気の振動を，鼓膜と耳小骨の機械的な振動エネルギーに変えて内耳に伝える。鼓膜は厚さ約0.1mmの薄い膜で，内側にくぼんだ円錐形をしている。中耳腔には３つの耳小骨があり，外側からツチ骨，キヌタ骨，アブミ骨の順につながっている。この３つの骨のつながりを耳小骨連鎖と呼ぶ。中耳には約27.5dBの音圧の増幅作用がある。増幅作用を担うのは，鼓膜とアブミ骨底との面積比（17：１）及び耳小骨連鎖のてこ比（1.3：１）である。さらに鼓膜が円錐形をしていることによる増強作用も加わり，中耳は音が内耳に伝達されるときの約30dBの減衰をほぼ補って音圧の損失を防いでいる。この音の増幅作用を"インピーダンスの整合（インピーダンスマッチング）"と呼ぶ。また，中耳には鼓膜張筋とアブミ骨筋により強大音から内耳を保護したり，耳管により鼓室の空気圧を調整したりする機能もある。

　内耳は蝸牛と，平衡感覚に関与する器官である前庭，三半規管からなる。これらは迷路のようにつながっていることから骨迷路とも呼ばれる。骨迷路の中には細い管状の膜迷路が存在し，膜迷路の周囲は外リンパ液，内部は内リンパ液で満たされている。蝸牛はカタツムリ状に約２回転半巻いた管で，長さは約34㎜である。内部（図４－２－２[18]）は中央に内リンパの中央階（蝸牛管）があり，中央階の上下に外リンパの前庭階と鼓室階がある。蝸牛管は基底板，血管条，ライスネル膜に囲まれ，基底板上に聴覚の感覚受容器である"コルチ器（ラセン器）"がのっている。コルチ器は基底膜の振動を神経の電気信号に変換する。

　内耳に伝わった振動が神経に伝えられるしくみは以下のようである。アブミ骨の振動により蝸牛のリンパ液に波動が生じると，基底板に進行波が生じる（振動する）（図４－２－３[2]）。進行波の最大振幅部位は周波数により異なっていることが知られており，高い周波数は蝸牛入口で振幅が最大となり，低い周波数は蝸牛孔に近い部位で振幅が最大となる。基底板が振動すると，基底板上に存在するコルチ器に屈曲運動が生じ，これにより神経伝達物質が放出されて，インパルスが聴神経に生じる。

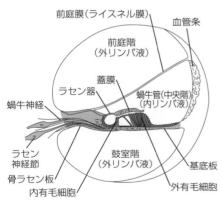

図４－２－２　蝸牛の断面図（山田，2007　筆者一部編集）

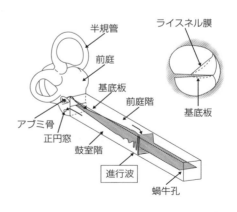

図４－２－３　進行波図（藤田，2015　筆者一部編集）

コルチ器から出た求心性神経はラセン神経節，脳幹の蝸牛神経核，上オリーブ核，外側毛帯，中脳の下丘，間脳の内側膝状体を経て側頭葉の第一次聴覚野に投射している。聴覚伝導路には蝸牛神経核から反対側の上オリーブ核へと交叉する神経路があり，同側の神経路より優勢であることが知られている。聴覚路には外有毛細胞への遠心性神経の存在も確認されている。遠心性神経の役割については不明な点が多いが，外有毛細胞に抑制的に働いて感度の調整をしていると考えられている。大脳皮質聴覚野は左右の側頭葉にある。最終的な言語の認知は，左半球の上側頭回のウェルニケ野で行われる。

⑵　難聴の種類

　難聴は，聴覚器官の損傷の部位によって分けられる。外耳から中耳までの範囲の損傷で生じた難聴を伝音（性）難聴，内耳から聴覚神経系で生じたものを感音（性）難聴，伝音難聴と感音難聴とが合併したものを混合（性）難聴という。伝音難聴は音が小さく聞こえるのが特徴であるが，感音難聴では音がひずんで聞こえることが多い。小さいだけでなく音がひずむので，伝音難聴よりことばの聞き取りが困難になる。また，聴力の損失は伝音難聴では最大でも60dB 程度であるが，感音難聴の場合は60dB を超えた聴力の損失が起こりうる。内耳性の感音難聴の場合，音を大きくしていくと，あるところから急にうるさく感じられる感覚の異常が生じることがある。これを“補充現象（リクルートメント現象）”と呼ぶ。

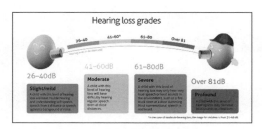

図４－２－４　WHO による難聴の分類（WHO[7]，2020)
Slight/Mild（軽度）Moderate（中等度）Severe（高度）Profound（重度）

表４－２－１　身体障害者福祉法における聴覚障害の等級

2級	両耳の聴覚レベルがそれぞれ100dB 以上のもの
3級	両耳の聴覚レベルがそれぞれ90dB 以上のもの
4級	1．両耳の聴覚レベルがそれぞれ80dB 以上のもの 2．両耳による普通会話の最良の語音明瞭度が50dB 以上のもの
6級	1．両耳の聴覚レベルがそれぞれ70dB 以上のもの 2．一側耳の聴力レベルが90dB 以上，他側耳の聴力レベルが50dB 以上のもの

＊1級，5級，7級は設定されていない

　難聴の分類には，聴力の損失の程度による分類もある。図４－２－４は
WHO[20] の聴力の損失レベルによる難聴の分類である。

　身体障害者福祉法には聴覚障害の等級は表４－２－１のように示されてい
る。難聴は片耳だけに生じることもある。片耳の難聴を一側性難聴と呼び，
特に難聴の程度が高度の場合，一側ろう（聾）と呼ばれることもある。一側
ろうでは，日常的なことばの聞き取りに大きな支障はないため周りから気付
かれにくいが，音源定位や雑音下の聞き取り，聴力の悪い側からの声が聞き
取りにくいなどの困難さがあることを知っておく必要がある。

(3)　難聴をもたらす疾患

　伝音難聴をもたらす代表的な疾患は，外耳道閉鎖，耳垢塞栓，鼓膜穿孔，
中耳炎，中耳奇形，耳小骨離断，耳硬化症などである。感音難聴は損傷の部
位により内耳性難聴と後迷路性難聴に分けられ，内耳性難聴を引き起こす疾
患はメニエール病，内耳炎，突発性難聴，老人性難聴など，後迷路性難聴は
聴神経腫瘍，脳血管障害，代謝性障害などである。また，妊娠中の母親の風
疹への感染が子どもの先天性難聴の原因となったり，幼少期の流行性耳下腺
炎，いわゆるおたふく風邪の後遺症として一側性難聴が生じたりすることも
ある。

　急性中耳炎は，風邪などの上気道感染が耳管を経由して中耳に拡がること
で起こるもので，鼓室内に滲出液や膿がたまって鼓膜が腫脹し，鼓膜穿孔を
生じることがある。急性中耳炎の炎症が遷延化し，耳漏が続いて鼓膜穿孔が

残ると慢性中耳炎の状態になる。滲出性中耳炎や慢性中耳炎では，軽度の難聴が続くことがある。突発性難聴は突然生じる一側性の感音難聴で，原因は不明である。耳の閉塞感，耳鳴り，めまい，吐き気が伴うことが多い。メニエール病は，発作性の回転性めまい，耳鳴，難聴が繰り返し生じる。ほとんどの発作は一過性で，発作がおさまると症状も改善する。通常，一側性である。一方，両側対象性の進行性感音難聴である老人性難聴は，加齢に伴う神経の変化が原因である。老人性難聴では，まず高音域の聴力が低下し，次第に中・低音域の難聴が生じてくる。

⑷　聴力検査

　聴力検査には自覚的検査と他覚的検査とがある。自覚的検査の中で最も一般的な検査は純音聴力検査である。純音聴力検査はオージオメータ（図4－2－5）から出力される高さの異なる音がぎりぎり聞き取れる音の大きさ（最小可聴閾値）を測定する。結果はオージオグラム（聴力図）（図4－2－6）に示される。オージオグラムの横軸は音の高さ（Hz），縦軸は聞こえの

図4－2－5　オージオメータ
（リオン株式会社製 AA-M1A）

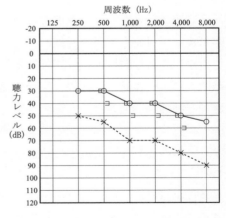

図4－2－6　オージオグラムの例

レベル（dB）である。プロットされた記号が下にあるほど，聴力が悪いことを表す。純音聴力検査では気導聴力と骨導聴力とを検査することができる。伝音難聴の場合，気導聴力は低下するが骨導聴力は低下しない。気導聴力と骨導聴力との差を気（導）骨導差（air bone gap）と呼び，伝音難聴の特徴である。

　語音聴力検査は，ことばの聞き取り，聞き分けの能力を判断するための検査である。オージオメータから大きさを調整したことば（日本の場合は数字または単音節）を提示し，被検者が聞き取れる最小の音圧レベル（語音聴取閾値，単位はdB）と，十分に聞こえる音圧レベルで正確に聞き分けられる確率（語音弁別能，単位は％）を測定する。語音聴力検査は純音聴力検査の結果を補完する目的で行われる。

　難聴の早期発見，早期治療，早期療育は重要である。しかし，純音聴力検査の自覚的検査が適用できない乳幼児の場合，表４－２－２に示すような他覚的検査か行動観察（自覚的検査に含む）により聴力を測定する。特に新生児聴覚スクリーニングは，生後１週間以内に実施される簡易な検査で，自動聴性脳幹反応検査（AABR），または耳音響放射検査（OAE）を用いる。新生児聴覚スクリーニングで難聴が疑われて精密検査施設を受診する赤ちゃんは年間約4,000人で，このうち約1,000人に両耳難聴が発見されている。

表４－２－２　乳幼児の聴力検査

他覚的検査	インピーダンスオージオメトリー 耳音響放射検査（OAE） 聴性脳幹反応検査（ABR） 新生児聴覚スクリーニング検査
行動観察 （自覚的検査）	聴性行動反応聴力検査（BOA） 条件詮索反応聴力検査（COR） ピープショウテスト 遊戯聴力検査

＊行動観察の検査を総称して乳幼児聴力検査と呼ぶ

(5) 補聴器と人工内耳

　聞こえを補う補聴機器の大乗的なものに補聴器と人工内耳とがある。補聴器は電源部，マイクロホン，アンプ，イヤホンからなり，音を増幅することで聞こえを補助する機器である。箱型，耳掛型，挿耳（耳穴）型がある。近年はデジタル補聴器が主流で，使用者の聴力に合わせて増幅する音の調整や雑音の軽減などが可能となっている。

　人工内耳（Cochlear Implant）（図４－２－７[11]）は重度の感音難聴の治療機器である。手術によって蝸牛内に電極を埋め込み，聴神経を直接刺激することで補聴を行う。人工内耳を利用するには埋め込み手術が必要である。人工内耳の適応基準は，1998年４月に日本耳鼻咽喉科学会から示されている。成人に対する適応基準では，90デシベル（dB）以上の高度難聴で，補聴器装用効果が乏しいもの，小児に対する適応基準は，2014年２月に見直しがなされ，適応年齢は原則１歳以上，聴力検査では

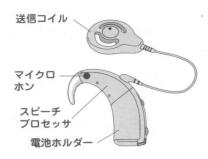

体外部

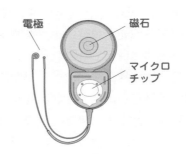

体内部

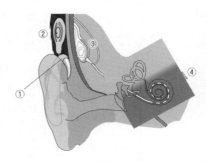

人工内耳のしくみ

図４－２－７　人工内耳のしくみ
（日本学生支援機構，2015　筆者一部編集）

体外部のマイクロホンで音をひろい，デジタル信号に変換①，送信コイル②から体内部に送り③，内耳に埋め込んだ電極に電流を流す。この刺激が聴神経に伝えられ④，脳内で音として認識される

原則平均聴力レベルが90dB 以上の重度難聴があることが条件である。ただし小児の場合は，補聴器装用を試みても補聴レベルが45dB 以上となる場合や補聴器を装用しての最高語音明瞭度が50％未満である場合にも適応が可能である。日本耳鼻咽喉科学会[5)] では，「人工内耳手術を行うに当り，小児では特に手術前後の複数の専門機関での

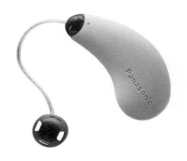

図４－２－８　補聴器
（Panasonic 社製　耳掛型Ｒ４）

一貫した支援体制が整っていることも大切です。手術・術後のケアを行う医療機関，日常生活での人工内耳を用いた聴覚活用を指導してくれる療育機関『特別支援学校（聴覚障害：ろう学校），児童発達支援センター（難聴幼児通園施設），リハビリ医療機関など』，両親や家族の忍耐強い支援，この３本の柱が重要です。これらの連携体制がうまくいくことが，人工内耳を十分に活用できるようになるためには大切な力になります」と，術後の療育機関や保護者との連携の必要性を明記している。2014年からは低音部の残存聴力を活用できる残存聴力活用型人工内耳が保険適応となり，中音から高音域の難聴者にも人工内耳の利用が進んでいる。

2 心理

(1) 言語発達

　聴覚障害児の発達は個人差が大きい。これは，聴覚障害の程度や聴覚活用の能力，聴覚障害の起こった年齢，聴覚障害の原因，教育環境，家庭環境，社会的環境など，聴覚障害の背景的要因が様々であるからである。しかし，聴覚障害児の発達に最も大きく影響するのは，ことばが聞き取れないことによるコミュニケーションの困難さである。

　一般に，乳児は，生後間もない頃から発声を始め，３～４か月頃にはクーイング（cooing），０歳代後半には喃語（babbling）が出現する。Oller ＆

Eilers[13] は健聴児21名と聴覚障害児９名の音声データを比較し，聴児では月齢６〜10か月に規準喃語が産出されるのに対し，聴覚障害児では11〜25か月と遅いことや，喃語の量も音声全体に占める割合が聴児の半分から10分の１に留まることを示した。また聴覚障害の場合，ことばを意図的に学習する必要があり，ことばの偶発学習の減少が聴覚障害児の言語発達を阻害する要因でもある。

　聴覚障害児の言語発達において指摘されている問題に，学習言語の習得がある。幼児期に獲得する言語は生活や経験を共有する中で使用される言語で一次的言語とも呼ばれ，話し言葉や会話的能力をさす。一方で，学習言語は文脈依存度が低く，言語形式度の高い言語である。二次的言語とも呼ばれ，書き言葉や学力言語能力をさす。例えば，聴覚障害児の多くは，文法的には，助詞・助動詞の使用に誤りが多いこと，受け身文，使役文，授受構文（あげるともらうの違い，貸すと借りるの違い）などの理解に困難を示すことなどが知られている。語彙の面では，抽象語の理解やことばの多義性の理解に困難さがあることが指摘されている。また，文章を読んだり書いたりする場合，聴覚障害児は音節・単語・文節レベルなどの小さな単位での理解を進めるため，文全体の理解や文節同士のつながりが理解できないことがあり，単語・文節の理解はできても，後続する文節との関係にまで思いを巡らせるのが困難な傾向がある[4]。

　日本語の獲得の問題は，聾教育の中で９歳の壁（９歳の峠）として古くから指摘されている。９歳の壁とは，小学校低学年までの学習はできても，小学校高学年以降の教科学習が困難であることをさす。これには学習言語の獲得のつまずきが関係しており，脇中[17] は，９歳の壁は，具体から抽象への認知発達，価値観を多面化させる人格の発達，社会性の発達など，学力だけでない転換にも現れると指摘する。

　聴覚障害児のコミュニケーション手段として手話がある。日本で使われる手話は，正確には“日本手話”と呼ばれ，日本語とは異なる言語である。ニュージーランド，韓国，フィリピンや欧州諸国では，手話は公的言語として

規定され，ろう者が教育課程で手話を使用し，公共機関における情報配信にも取り入れられている。手話の発達については，手指喃語が存在する[3]こと，前言語期の指さしの出現[15]があること，人称代名詞の使用順序や一語文・二語文が出現する時期などが音声言語と的類している[14]ことなど，早期の手話の発達が音声言語に類似していることが示されてきた。しかし，ろう児の多くが聴覚障害のない両親であることが多く，手話が十分に使用できる環境でないことから，手話を十分に獲得できないろう児が多い。日本語の読み書きには日本語の習得が必要であることを考え，早期には手話でコミュニケーションを行い，手話で日本語を学ぶバイリンガル教育も提唱されている。

(2)　認知と学習

　一般的に，聴覚障害児の言語性知能検査は聴児の平均以下のレベルであることが報告されている[7]。しかし，非言語性や動作性の知能検査においては，聴児との差は認められない[1]。動作性知能が聴児と変わらないことは，聴覚障害そのものが知的発達に影響しないことを表すが，聴覚障害児の認知処理が聴児と同じであると考えてはいけない。その例として，聴覚障害児は系列的な記憶（言語や数字）が苦手であるが，視空間情報の記憶や，特に手話を使用する聴覚障害児は顔の表情の識別や，心的イメージの操作の能力が高いことが示されている[19]。また聴覚障害児は長期記憶にある情報や，ワーキングメモリにある情報の活用に苦手さがあることも指摘されている[19]。マーシャークとスペンサー[8]は，聴覚障害児の記憶や問題解決の研究では聴覚障害児は関係づけを自動的に行うことが困難であることが示されており，こうした聴覚障害児の基本的な情報処理方略が学習に影響を及ぼすと述べている。

　早期から十分なコミュニケーション環境にない聴覚障害児は，言語能力が乏しいために，経験を言語化し，思考することができない。このため，知識の構築に制限がある。これまでの研究でも，類似性，等価性，反対性などの概念形成が聴覚障害児において困難であり，言語発達との関連性が指摘され

ている[10]。聴覚障害児の言語能力は実行機能の発達にも影響を及ぼす。実行機能とは，目標を設定し，その目標を達成するために，自分の欲求や考えをコントロールする一連の心的能力のことである。一般に実行機能は幼児期に最も急激に発達した後，10代後半まで発達を続けると考えられている。聴覚障害児の場合，言語発達の遅れが実行機能の発達の遅れとなり，ADHDに似た感情コントロールの難しさや行動の問題として出現する。近年，聴覚障害児の心の理論の発達についても研究が行われている。大原[12]は補聴器装用児も人工内耳装用児も，聴児より心の理論の発達が遅れることを明らかにした。この理由について，Kim & Chung[6]は言語能力が社会的認知の発達に重要であることを指摘している。また，心的状態や内容についての話題が聴覚障害児の親子には少ないという親子のコミュニケーションの状態が，聴覚障害児のこころの理論の発達に影響していると指摘する研究[9]もある。

　聴覚障害児の学習において重要なのは，読み書き能力（リテラシー）の発達である。9歳レベルの壁，高原現象（plateau phenomenon），比喩・文脈理解の困難，心情理解や推論の困難，類似句反復現象（carrier phrases），構文の誤り背景や感情の描写や説明の不十分さ，自己中心的・不明瞭な内容表現など，聴覚障害児の読み書きの課題は大きい。人工内耳装用児のリテラシーの発達が補聴器装用児より高いかどうかの研究結果は一致していない。これは，人工内耳を装用すればリテラシーが向上し，学力の向上につながるわけではなく，装用後の療育や教育が大きな影響を与えることを表していると考えてよい。

(3)　社会性

　聴覚障害児のパーソナリティの特性には個人差が大きいが，一般的に聴覚障害児は自己中心的，依存的，内向的などと言われることが多い。しかし，こうした特性は，聴覚障害そのものというより，聴覚障害に起因するコミュニケーションの困難さや他者との関わりの少なさによるものであることを理解すべきである。聴覚障害児の，聴者である母親の特徴[15]を調べた研究で

は，母親は，わが子がうまくコミュニケーションができないだろうと不安に思い指示的態度をとることが明らかにされている。このような母親の養育態度も聴覚障害児の社会性の発達に影響する。乳幼児期の家族におけるコミュニケーションは聴覚障害児の社会性の発達には重要であることから，聴覚障害児が様々な人々との関わりを通して言語的なやり取りを深めることができるよう，家族支援が重要である。

⑷　障害認識とアイデンティティ形成

　岩田[4]は，青年期の聴覚障害児にとって，聴覚障害者としてのアイデンティティの形成が課題となることを指摘している。幼少期から音声言語によるコミュニケーションで困難さを経験してきた青年期の聴覚障害児が，手話で豊かな自己表現を行う聴覚障害者に出会い，その姿をモデルとして自我を同一化して"ろう者"のアイデンティティを形成していく。このことについて岩田[4]は，「他者とのやり取りが『容易に』『すべて』わかるという実感や満足感が重要であり，円滑なコミュニケーションによって成り立つ人々とのふれあいが，聴覚障害青年にとって自己を変革させる契機となっていく」と説明している。

　一方，軽度・中度の聴覚障害者や人工内耳装用者は聴者としてのアイデンティティを求める人も多い。彼らは発音が明瞭なことも多いため難聴の苦悩を周囲に理解されにくかったり，難聴児者との関わりが少ないことから，自己の障害の認識も不十分だったりする。これが青年期のアイデンティティの形成を困難にし，難聴者独自の悩みを生じさせる。人工内耳を装用する子どもが増加する今日では，聴覚障害者の生き方として，難聴者にアイデンティティを置く人々が存在することを理解したい。

【文献】
1 ）Braden, J. P. (1984): The factorial similarity of the WISC-R performance scale in deaf and hearing samples, personality and individual differences, 5, 403-409.
2 ）藤田郁代・中村公枝・城間将江・鈴木恵子（2015）：標準言語聴覚障害学　聴覚障害学第2版. 医学書院,

p.48，p.51.

3）Griffith, P. L.（1985）：Mode-switching and mode-finding of hearing child of deaf parents, Sign Language Studies, 48, 195-222.

4）岩田吉生（2016）：第6章聴覚障害児の支援．岐阜大学教育学部特別支援教育研究会編，特別支援教育を学ぶ．ナカニシヤ出版，pp.125-146.

5）耳鼻咽喉科学会（2018）：人工内耳について，最終閲覧2020年8月30日．http://www.jibika.or.jp/citizens/hochouki/naiji.html

6）Kim, E & Chung, I.（2016）：Developmental Characteristics of Cognitive Perspective-Taking in Deaf Children：Differences in Reading Ability. Journal of Special Children Education,18 (2), 1-18.

7）Maller, S. J. & Barden, J. P.（1993）：The construct and criterion-related validity of the WISC-Ⅲ with deaf adolescent. Journal of Psychoeducational Assessment, WISC-Ⅲ Monograph series：WISC-Ⅲ, 105-113.

8）マーク マーシャーク・パトリシア エリザベス スペンサー（2015）：オックスフォードハンドブック　デフスタディーズ　ろう者の研究・言語・教育．明石書店，p.833.

9）Moeller, M. P. & Schick, B.（2006）：Relations between maternal input and theory of mind understanding in deaf children. Child Development, 77, 751-766.

10）中野善達・川井潤・中西久子（1971）：聴覚障害児における概念発達一等価性形成について一ろう教育科学．13(2), 41-64.

11）日本学生支援機構（2015）：教職員のための障害学生修学支援ガイド（平成26年度改訂版）.

12）大原重洋・廣田栄子（2014）：聴覚障害児におけるメタ表象能力発達と関連要因の検討．音声言語医学，55(1), 17-25.

13）Oller, D. K. & Eilers, R. E.（1988）：The role of audition in infant babbling. Child Development, 59, 441-449.

14）Petitto, L. A.（1987）：On the autonomy of language and gesture：Evidence from the acquisition of personal pronouns in American Sign Language. Cognition, 27, 1-52.

15）Spencer, P. E & Gutfreund, M.（1990）：Characteristics of "Dialogues" between Mothers and Prelinguistic Hearing-Impaired and Normally-Hearing Infants. Volta Review, 92(7), 351-360.

16）武居渡・四日市章（1998）：乳児の指さし行動の発達的変化一手話言語環境にある聾児と聴児の事例から．心身障害学研究，22, 51-61.

17）脇中紀余子（2009）：聴覚障害教育　これまでとこれから．北大路書房，p.126

18）山田弘幸（2007）：言語聴覚療法シリーズ5　改訂　聴覚障害Ⅰ一基礎編．建帛社，p.22.

19）四日市章・鄭仁豪・澤隆史・ハリー クノールス・マーク マーシャーク（2018）：聴覚障害児の学習と指導．発達と心理学的基礎．明石書店，p.149.

20）WHO Grades of hearing impairment. 最終閲覧2020年8月30日．https://www.who.int/pbd/deafness/hearing_impairment_grades/en/

BASIC

第5章

知的障害者の教育

1 教育

1 知的障害の定義

　知的障害の定義は，AAIDD（American Association on Intellectual and Developmental Disabilities：米国知的・発達障害協会）によって，10年に一度改訂される定義が国際的な定義の一つとなっている。2010年にAAIDD[1]から示された第11版の定義において，知的障害は次のように定義されている。

> 　知的障害は，知的機能と適応行動（概念的・社会的および実用的な適応スキルによって表される）の双方の明らかな制約によって特徴づけられる能力障害である。この能力障害は18歳までに発現する。

　わが国においては，知的障害の定義は示されていないが，教育分野においては，文部科学省[3]は AAIDD の知的障害の定義を取り入れ，知的障害を次のように説明している。

> 　知的障害とは，知的機能の発達に明らかな遅れと，適応行動の困難性を伴う状態が，発達期に起こるものを言う。
> 　「知的機能の発達に明らかな遅れ」がある状態とは，認知や言語などに関わる精神機能のうち，情緒面とは区別される知的面に，同年齢の児童生徒と比較して平均的水準より有意な遅れが明らかな状態である。「適応行動の困難性」とは，他人との意思の疎通，日常生活や社会生活，安全，仕事，余暇利用などについて，その年齢段階に標準的に要求されるまでには至っていないことであり，適応行動の習得や習熟に困難があるために，実際の生活において支障をきたしている状態である。「伴う状態」とは，「知的機能の発達に明らかな遅れ」と「適応行動の困難性」の両方が同時に存在する状態を意味している。知的機能の発達の遅れの原因は，概括的に言えば，中枢神経系の機能障害であり，適応行動の困難性の背景は，周囲の要求水準の問題などの心理的，社会的，環境的要因等が関係している。「発達期に起こる」とは，この障害の多くは，胎児期，出生時及び出生後の比較的早期に起こることを表している。発達期の規定の仕方は，必ずしも一定はしないが，成長期（おおむね18歳）までとすることが一般的である。　　　　　　　　　　（以下，省略）

　知的障害の AAIDD の定義，そして，文部科学省の説明において必ず押さえておくべき点は，知的障害を「知的機能の明らかな制約（知的機能の発達に明らかな遅れ）」のみとせず，「適応行動の明らかな制約（適応行動の困難性）」も併せ有する状態としている点である。知的障害の名称からその制約を「知的機能の明らかな制約（知的機能の発達に明らかな遅れ）」のみに限定して理解するようなことが決してあってはならない。なお，AAIDD[1] は知的障害の定義の適用においては次の5つがその前提となるとしている。

　1．今ある機能の制約は，その人と同年齢の仲間や文化的に典型的な地域社会の状況の中で考慮されなければならない。
　2．アセスメントが妥当であるためには，コミュニケーション，感覚，運動および行動要因の差はもちろんのこと，文化的，言語的な多様性を考慮しなければならない。
　3．個人の中には，制約と強さが共存していることが多い。
　4．制約を記述する重要な目的は，必要とされる支援プロフィールを作り出すことである。
　5．長期にわたる適切な個別支援によって，知的障害がある人の生活技能は全般的に改善するだろう。

　知的障害をはじめとする障害のある人達の生活の場は，50年ほど前まで，衣食住を施すための人里離れた大規模施設などが主流であった。しかし，現在では，ノーマライゼイション思想の広まりなどにより，家族や友達，同僚，知人などとともに生活することができる家庭や市街地のグループホームなどが主流となった。そのため，その制約への対応は学校や病院にとどまることなく，地域社会のなかでの生活を標準的なものと考えての対応となる。また，アセスメントはその人がパフォーマンスをより発揮できるように，わが国においても，その人の居住地域の生活習慣や文化，方言などをも考慮して行わなければならない。そして，その人の制限（limitation），すなわち，苦手なことのみに目を向けることなく，強さ（strengths），すなわち，その人ができそうなことやできつつあることに目を向ける構えが基本となる。なお，苦手なことを書き示す必要があるとすれば，それは，その人にとって欠くことのできない支援計画を立案するときに限定されることも理解しておく必要

がある。後述するが，苦手なことをあげつらうことが知的障害教育における教師の専門性であるかのような行為を決して行ってはならない。さらに，知的障害者の支援は短期でその成果が現れることは少なく，長期にわたる適切な個別支援に基づく適切な経験を積み重ねるなかで，社会生活に必要な技能の緩やかな獲得・向上が期待できることへの期待も強く持ち続けることがその教育や支援に携わる者の心底になければならない。

2 知的障害教育の基本的構え ·····················

(1) 学習上の特性

　文部科学省[3]は知的障害のある児童生徒の学習上の特性を次のように説明しており，日々の教育実践はこの特性に応じて実施されなければならない。

　知的障害のある児童生徒の学習上の特性としては，学習によって得た知識や技能が断片的になりやすく，実際の生活の場面の中で生かすことが難しいことが挙げられる。そのため，実際の生活場面に即しながら，繰り返して学習することにより，必要な知識や技能等を身に付けられるようにする継続的，段階的な指導が重要となる。児童生徒が一度身に付けた知識や技能等は，着実に実行されることが多い。

　また，成功経験が少ないことなどにより，主体的に活動に取り組む意欲が十分に育っていないことが多い。そのため，学習の過程では，児童生徒が頑張っているところやできたところを細かく認めたり，称賛したりすることで，児童生徒の自信や主体的に取り組む意欲を育むことが重要となる。

　更に，抽象的な内容の指導よりも，実際的な生活場面の中で，具体的に思考や判断，表現できるようにする指導が効果的である。　　　　　　　　　　　　（以下，省略）

(2) アセスメント

　知的障害特別支援学校や知的障害特別支援学級の担任となり，教育実践を考えていく際，児童生徒の"できないこと"や"難しいこと"にどうしても目が行きがちである。それどころか，児童生徒の"できないこと"や"難しいこと"をあげつらうことを特別支援教育の専門性であるかのように履き違えているような教師もいる。しかし，知的障害特別支援学校や知的障害特別

支援学級は，通常の学級ではその持てる力を存分に発揮しにくい児童生徒が
その持てる力を十分に発揮できる教育の場となりえなければその存在意義は
なくなる。そのため，知的障害のある児童生徒がその持てる力を十分に発揮
できるよう，教師がその子の“できそうなこと”や“できつつあること”を
把握することが何にもまして重要となる。その際，ややもすると障害がある
ために見えづらくなっているその子らしさを理解しようとする構えがとても
大切となる。そして，教室での学習活動のための平面的な見取りであっては
ならない。その子どもが得意とする情報の受け取り方，主体的な学びの構え，
そして，将来の生活をもおもんばかっての見取りでなければ，豊かな教育実
践の創造とはならないのである[2]。

個々の児童生徒の実態を考える場合，障害の状態とそれに起因する発達の遅れのみに目
が向きがちであるが，それ以外にも情報活用能力などの学習の基盤となる資質・能力，主
体的に学習に取り組む態度も含めた学びに向かう力，適性，さらには進路などの違いにも
注目していくことが大切である。

(3)　児童生徒と教師の関係性

知的障害のある児童生徒との学校生活においては「成功経験が少ないこと
などにより，主体的に活動に取り組む意欲が十分に育っていないことが多
い」という学習上の特性への教育的支援が重要となる。そのため，知的障害
教育に携わる教師には次のような心構えが不可欠とされている[3]。

児童（生徒）の様子を逐次把握したり，適切な師範を示したりすることができるように，
教師と児童が共に活動するとともに，指導の過程において，事前の指導計画に沿わない場
合も想定し，児童（生徒）の学習状況に応じて柔軟に活動を修正したり，発展させたりす
る工夫も大切である。　　　　　　　　　　　　　　　　　　　　　　　（筆者一部編集）

障害のない児童生徒の教育の場では“失敗から学ぶことも多い”とされ，
これから取り組むことを失敗することが予見できたとしても“まずは一人で
やらせてみて”とする教育方法が採られることが少なくない。しかし，「成

功経験が少ないことなどにより，主体的に活動に取り組む意欲が十分に育っていないことが多い」ことが多い知的障害のある児童生徒には，失敗経験を糧としての発展な取組みはなかなか期待しづらいものがある。そのため，"成功体験"の連続となるように児童生徒と共に取り組む教師の心構えが不可欠になる。加えて，今の生活で活用できる"実用性"の高い内容で構成されている知的障害特別支援学校の教科等は生活に根ざした"合わせた指導"の展開が中心となる。そして，知的障害教育では，授業（単元）計画を児童生徒の様子に応じて修正したり，発展させたりする教師の闊達な構えも大切となる。こうしたことが可能となるのは，特別支援学校が"準じる教育"であっても授業時数の扱いが次のように大枠となっており，学校にかなりの裁量が認められているからである[2]。

> 特別支援学校の小学部又は中学部の各学年における年間の総授業時数については，小学校又は中学校の各学年の年間の総授業時数に準じるものとしている。

(4) 指導内容・計画

知的障害特別支援学校の各教科は，小学校・中学校・高等学校の各教科と比して，次のように，生活に必要な内容で構成され，生活の質を高めることに資する実用性の高い教科である[3]。

> 児童生徒の成長とともに，生活したり，学習したりする場やその範囲が広がっていくことや，それらのことと関連して，児童生徒が，注意を向けたり興味や関心をもったりする段階から，具体的な事物について知り，物の特性の理解や目的をもった遊びや行動ができる段階，場面や順序などの様子に気付き教師や友達と一緒に行動したりすることから，多様な人との関わりをもてるようにしていく段階などを念頭に置き，より深い理解や学習へと発展し，学習や生活を質的に高めていくことのできる段階の構成としている。

そして，各教科等を合わせた指導，教科別の指導，道徳科，外国語活動，特別活動，自立活動の時間を設けて行う指導のいずれの指導の形態においても，次のように児童生徒の興味や関心，生活を大切にすることになる[3]。

(1)　教科別に指導を行う場合

　指導を行う教科やその授業時数の定め方は，対象となる児童生徒の実態によっても異な
る。したがって，教科別の指導を計画するに当たっては，教科別の指導で扱う内容につい
て，一人一人の児童生徒の実態に合わせて，個別的に選択・組織しなければならないこと
が多い。その場合，一人一人の児童生徒の興味や関心，生活年齢，学習状況や経験等を十
分に考慮することが大切である。

（筆者一部編集）

ア　特別の教科　道徳

　道徳科の指導に当たっては，個々の児童生徒の興味や関心，生活に結び付いた具体的な
題材を設定し，実際的な活動を取り入れたり，視聴覚機器を活用したりするなどの一層の
工夫を行い，児童生徒の生活や学習の文脈を十分に踏まえた上で，道徳的実践力を身に付
けるよう指導することが大切である。

（筆者一部編集）

イ　外国語活動

　個々の児童の興味や関心，生活に結び付いた具体的な題材を設定し，児童の発達の段階
に考慮した内容を工夫するなどしていくことが大切である。

（筆者一部編集）

(3)　各教科等を合わせて指導を行う場合

　知的障害者である児童生徒に対する教育を行う特別支援学校においては，児童生徒の学
校での生活を基盤として，学習や生活の流れに即して学んでいくことが効果的である。

（筆者一部編集）

　小学校・中学校・高等学校の学習指導要領に示された各教科も生きる力と
して"何ができるようになるか"を明確化することが求められている。しか
し，その達成状況は全国学力・学習状況検査や大学入学共通テストにて全国
一斉に測ることも可能な教科でもある。

　それに対し，知的障害特別支援学校の各教科は，これまでも述べてきたよ
うに，児童生徒の興味や関心，生活年齢，生活の文脈・流れを捉え，指導内
容・計画に具現化できる教師の力量があって初めて教育実践できる教科であ
る。よって，前述したように，計画を児童生徒の様子にて修正・発展できる
ことも同時に知的障害教育における教師の力量の現れとなる。

⑸ 指導の評価

　知的障害教育は"実用性"の高い内容を"生活"を大切にして展開していく。その評価も次のように"実用性"の視点から行われることになる[3]。

> 　学校で学習した内容については，家庭生活を含む日常生活の様々な場面で，学習した内容を深めたり，生活の範囲を広げたり，生活を高めたりすることにつながるよう指導することが重要である。

　「深めたり」「広げたり」「高めたり」は知的障害のある児童生徒の学びの姿の一つである「学習によって得た知識や技能が断片的になりやすく，実際の生活の場面の中で生かすことが難しい」特徴に呼応したものである。こうした視点からの評価は児童生徒の学びそのものを評価するというよりも，教師の指導方法を評価の対象とするものとなり，次のように示されている[3]。

> 　学習した内容を実際の生活で十分に生かすことができるようにするためには，実際の生活や学習場面に即して活動を設定し，その成果を適切に評価して，児童がより意欲的に取り組むことができるように，指導方法等を工夫することが大切である。

　これまで述べてきたように，知的障害教育の教育活動においては，「実際の生活」すなわち，学校生活や家庭生活に即した内容をもって活動を設定し，児童生徒の生活に"深まり""広がり""高まり"がみられたかをもって教師の力量が問われることになる。

❸ 知的障害教育の実際

⑴ 各教科等を合わせた指導

　"各教科等を合わせた指導"を文部科学省[3]は次のように示している。

> 　知的障害者である児童生徒に対する教育を行う特別支援学校においては，児童生徒の学校での生活を基盤として，学習や生活の流れに即して学んでいくことが効果的であることから，従前から，日常生活の指導，遊びの指導，生活単元学習，作業学習などとして実践されてきており，それらは「各教科等を合わせた指導」と呼ばれている。

　　個々の生徒の知的障害の状態や生活年齢に加え，興味や関心，これまでの学習や経験してきた内容などを全体的に把握した上で，効果的な指導の形態を選択していくことである。指導の形態には，教科ごとの時間を設けて指導する「教科別の指導」や各教科，道徳科，特別活動及び自立活動を合わせて指導を行う「各教科等を合わせた指導」がある。単元などの学習のまとまりをとおして，生徒の学習成果が最大限に期待できる指導の形態を柔軟に考えられるようにすることが大切である。

　"各教科等を合わせた指導"は，先に示した知的障害のある児童生徒の学習上の特性である「学習によって得た知識や技能が断片的になりやすく，実際の生活の場面の中で生かすことが難しいことが挙げられる。そのため，実際の生活場面に即しながら，繰り返して学習することにより，必要な知識や技能等を身に付けられるようにする継続的，段階的な指導が重要となる。児童生徒が一度身に付けた知識や技能等は，着実に実行されることが多い」ことに対応した教育方法として，ベルギーの教育学者であるドクロリーによって開発されたものである[5]。さらに，文部科学省[3]は"各教科等を合わせた指導"を知的障害教育における基本的な指導形態として次のように示している。

　　児童生徒の心身の発達の段階や障害の状態によっては，各教科を並列的に指導するより，各教科に含まれる教科内容を一定の中心的な題材等に有機的に統合して，総合的な指導を進める方がより効果的な学習となり得る場合を予想して設けたものである。したがって，各教科の目標，内容を踏まえながら，必要な工夫をし，授業時数も各学年の年間総授業時数の枠内で適宜配当し得るものである。（中略）
　　知的障害者である児童若しくは生徒を指導する場合には，各教科，道徳科，外国語活動，特別活動及び自立活動の一部又は全部について合わせて指導を行うことによって，一層効果の上がる授業をすることができる。（後略）

①日常生活の指導

　日常生活の指導は，「児童生徒の日常生活が充実し，高まるように日常生活の諸活動について，知的障害の状態，生活年齢，学習状況や経験等を踏まえながら計画的に」行う教育活動である[3]。基本的生活習慣に関する技能の

向上やその習慣化への支援が中心的な取組みになる。そして，学校生活の質を高める取組みでもあるので，朝の会，帰りの会，朝の運動，合唱，係活動，掃除，日記書きなどの日課として行う活動もその大切な取組みの一つとなる。さらに，それらの活動を，児童生徒の学校生活の自然な流れに沿い，その活動を行う必然性のある実際的な場面で，教師も共に行うことが基本となる。こうした活動や場面の"現実度"の高さが児童生徒にとってとても重要となる。児童生徒が得意としていることやできつつあることを大切にし，その活動により良く取り組むことができるように支えていく。また，一つのことができるようになったら，そのことをより上手に取り組めるようにと段階的に進めていくといった教師の配慮が不可欠にもなる。

②生活単元学習

　生活単元学習は，各教科等を合わせた指導の代表的な指導形態である。「児重生徒の生活上の課題を成就するための一連の活動」が主たる活動となる[3]。その一連の活動は生活上の課題を成就するために必要な活動のまとまりであり，生活の単元化となる。数日のトピック単元から数週間にわたる行事単元，そして，1年間にわたる大単元とその展開は多様である。計画段階から児童生徒と教師が共に取り組み，児童生徒の自発的・主体的な活動を中心に据えた，首尾よく完結する営みとすることが大切となる。実際的・具体的に取り組む活動のため，多様な活動内容を自然なまとまりのある形で行えるように整えていくことが何にも増して重要となる。

③作業学習

　作業学習は，「作業活動を学習活動の中心にしながら，児重生徒の働く意欲を培い，将来の職業生活や社会自立に必要な事柄を総合的に学習する」学習活動である[3]。作業学習は将来の進路に直結する職業準備教育というより，学校卒業後の生活の主たる活動である働く活動に連続していく，青年期の生徒にもふさわしい充実した生活の構築が主眼となる。取り扱われる作業活動の種類は農耕，園芸，紙工，木工，縫製，織物，金工，窯業，セメント加工，印刷，食品加工，クリーニングなどのほか，販売，清掃，接客なども

含み，多種多様である。なお，中学部や中学校においても，義務教育修了段階として，また，特別支援学校高等部，高等支援学校への移行も見据え，作業学習に大いに取り組むことが必要となる。

(2)　教科別の指導，道徳科，外国語活動，特別活動，自立活動

①教科別の指導

　知的障害のある児童生徒の教科は，一人一人の学びの様子に合わせて，特に国語や算数（数学）は，生活年齢も含みながら，実際の生活で活かすことのできる内容を一人一人に設定する。その実施は，実際の生活の場面につながることを当初から組み込んだ学習展開が必須となる。さらに，生活単元学習や作業学習で取り組んでいることと関連づけての実施が大切になる。

　例えば，生活単元学習でパーティーを行う際に，会場の装飾づくりを図画工作で行ったり，合奏の練習を音楽で行ったりする。同様に，販売会に向けて取り組んで作業学習と関連させたチラシやダイレクトメールの作成を国語の時間に行うこともできる。学校生活において，教科別の指導や各教科等を合わせた指導という教師のつくった枠組みにとらわれすぎないことが肝心である。学校生活で精一杯取り組んでいる生活単元学習や作業学習と関連した内容を取り扱うことで，児童生徒は読むこと，書くこと，話すことなどの大切さを実感でき，より意欲的に取り組むことになる。このように，教科別の指導は，生活単元学習などの取組みと関連させた内容にするなどといった，学校生活を整える視点からの工夫が大切となる。

②道徳科

　知的障害のある児童生徒の学習上の特性からして，その内容を道徳の時間のなかだけで理解することは難しく，更に実際の生活にまで広げることも困難な場合が多々ある。そのため，時間を設けて行う場合も，生活単元学習などの展開も合わせて考えなければならない。

③外国語活動

　小学部3年生以降が対象となる。授業展開においては，児童一人一人の興

味や関心，生活に結び付いた具体的な題材を設定し，児童の発達の段階に考慮した内容を工夫するなどしていくことが大切となる。そして，各教科等を合わせた指導と連動させ，生活のなかでの具体的な使用も含めて考えていかなければならない。

④特別活動

　障害のない児童生徒や，地域の人々と活動を共にする交流及び共同学習がその中心的な取組みとなる。なお，単発のイベントとして終わることがないよう，活動内容を十分に検討し，各教科等を合わせた指導と連動させるなどして，児童生徒の活動の幅を広げる継続的な取組みとしていく。

⑤自立活動

　知的障害のある児童生徒への自立活動の実施においては，他の障害種とは異なったその成立過程を踏まえ、文部科学省[4]が示した知的障害特別支援学校の各教科の内容との関係性を十分に理解しておくことが不可欠になる。

　　知的障害者である幼児児童生徒に対する教育を行う特別支援学校に在学する幼児児童生徒には，全般的な知的発達の程度や適応行動の状態に比較して，言語，運動，動作，情緒，行動等の特定の分野に，顕著な発達の遅れや特に配慮を必要とする様々な状態が知的障害に随伴して見られる。そのような障害の状態による困難の改善等を図るためには，自立活動の指導を効果的に行う必要がある。

　　ここでいう顕著な発達の遅れや特に配慮を必要とする様々な知的障害に随伴する状態とは，例えば，言語面では，発音が明瞭でなかったり，言葉と言葉を組み立てて話すことが難しかったりすることなどである。運動や動作面では，走り方がぎこちなく，安定した姿勢を維持できないことや衣服のボタンを掛け合わせることが思うようにできないことなどである。情緒や行動面では，失敗経験が積み重なったことにより，何事に対しても自信がもてないことから，新しいことに対して不安を示したり，参加できない状態であったりすることなどである。

　　また，知的障害者である児童生徒に対する教育を行う特別支援学校の小学部，中学部及び高等部においては，知的障害のある児童生徒のための各教科等が設けられており，知的障害のある児童生徒はこれを履修することになっている。

　　これらの各教科等の内容には，例えば，小学部の国語科１段階には「教師の話や読み聞かせに応じ，音声を模倣したり，表情や身振り，簡単な話し言葉などで表現したりすること。」が示されている。教師の音声を模倣して言葉で表現しようとするが，発音がはっき

りしない場合には，呼気と吸気の調整がうまくできなかったり，母音や子音を発音する口の形を作ることが難しかったりすることなどが考えられる。このような場合には，コミュニケーションの区分における「(2)　言語の受容と表出に関すること。」などの自立活動の指導が必要になる。

　また，算数科1段階には「形が同じものを選ぶこと。」，2段階には「色や形，大きさに着目して分類すること。」などが示されている。形や色を弁別したり，分類したりする際に，教師が提示した教材に注目が難しい場合には，他に気になることがあり，学習への意欲や集中が持続しにくいことなどが考えられる。このような場合には，環境の把握の区分における「(2)　感覚や認知の特性についての理解と対応に関すること。」や心理的な安定の区分における「(2)　状況の理解と変化への対応に関すること。」などの自立活動の指導が必要になる。

　さらに，生活科の内容「基本的生活習慣」の1段階には，「簡単な身辺処理に気付き，教師と一緒に行おうとすること。」が示されている。ここでの身辺処理には，身なりを整えるための衣服の着脱などが含まれている。衣服の着脱の際の前後の理解やボタンの掛け合わせなどに気付き，教師と一緒に行おうとすることが示されている。知的障害のある児童生徒は，知的発達の程度等に比較して，自分の身体への意識が低く，いろいろな動きがぎこちなく，簡単な動きをまねしたり，著しく手指の動作が困難であったりなどして，楽しく表現活動をすることや衣服のボタンの掛け合わせに支障をきたしている場合がある。このような場合には，例えば，自分の身体各部位の位置関係や大きさ，名称を知り，自分の身体を基点として上下，前後，左右などの位置感覚を把握する力を引きだしたり，目と手の協応動作を高めたりするような自立活動の指導が必要になる。

　そして，児童生徒の日々の生活を大切にし，意欲をもって自分から自分で取り組める活動となるよう，学校生活全般で配慮しながら行う“自立活動の指導”を中心に展開していく。その上で必要に応じて自立活動の時間に行う“自立活動の時間における指導”の実施も検討する。

【文献】
1）AAIDD（2010）：Intellectual Disabilities 11th. 太田俊己・金子健・原仁・湯汲英史・沼田千妤子共訳（2012）：知的障害第11版．日本発達障害福祉連盟.
2）文部科学省（2018）：特別支援学校教育要領・学習指導要領解説総則編（幼稚部・小学部・中学部）.
3）文部科学省（2018）：特別支援学校学習指導要領解説各教科等編（小学部・中学部）.
4）文部科学省（2018）：特別支援学校教育要領・学習指導要領解説自立活動編（幼稚部・小学部・中学部）.
5）斎藤佐和（1988）：ドクロリー教育法．溝上修・西本順次郎・東正編著，精神遅滞児の教育理論と方法．川島書店，pp.41-50.

2 心理・生理

1 定義と発生率

知的障害は，以下の３つの条件から定義される。

①知的機能に明らかな制約がある。（個別の標準化された知能検査により測定され算出された IQ 値が平均より２標準偏差低い，すなわち，IQ70以下であること。）
②適応行動（特定の文化やコミュニティの中で同年齢者が社会から期待される行動）に明らかな制約がある。
③発達期（18歳）までに発現する。

IQ の正規分布モデルに基づくと，IQ70以下の条件を満たすのは，理論上約３％となるが，近年の米国の調査では出現率約1.0％と報告されており，国内の地域差が大きいこと，出現率を年齢群別で比較すると，就学前が最も低く，学齢期を通して上昇し，学校卒業後に停滞していくことが指摘されている[3)]。

2 重症度の分類

APA[2)]（American Psychiatric Association：アメリカ精神医学会）が刊行している DSM（診断と統計のためのマニュアル）では，DSM-Ⅳまでは，精神遅滞という名称を用い，DSM-５（2013）では知的能力障害・知的発達症という名称に変更し，神経発達症（neurodevelopmental disorder）のサブ・カテゴリーに分類した。また，以前は IQ で重症度を示していたが，DSM-５では，適応機能障害の３領域（概念スキル，社会的スキル，実用的スキル）を基準に表５－２－１のように判断することになっている。IQ だけの評価ではなく臨床的な総合判断を重視し，適応機能水準によって必要な支援を決定する必要があるとしている。

表5－2－1　知的能力障害（知的発達症）の重症度

重症度	概念的領域	社会的領域	実用的領域
軽度	就学前の子どもたちにおいて，明らかな概念的な差はないかもしれない。学齢期の子どもおよび成人においては，読字，書字，算数，時間または金銭などの学習技能を身につけることが困難であり，年齢相応に期待されるものを満たすために，1つ以上の領域で支援を必要とする。成人においては，学習技能（読字，金銭管理など）の機能的な使用と同様に，抽象的思考，実行機能（すなわち計画，戦略，優先順位の設定，および認知的柔軟性），および短期記憶が障害される。同年代と比べて，問題およびその解決法に対して，若干固定化された取り組みがみられる。	定型発達の同年代に比べて，対人相互反応において未熟である。例えば，仲間の社会的な合図を正確に理解することが難しいかもしれない。コミュニケーション，会話，および言語は年齢相応に期待されるよりも固定化されているか未熟である。年齢に応じた方法で情動や行動を制御することが困難であるかもしれない。この困難は社会的状況において仲間によって気づかれる。社会的な状況における危険性の理解は限られている。社会的な判断は年齢に比して未熟であり，そのため他人に操作される危険性（だまされやすさ）がある。	身のまわりの世話は年齢相応に機能するかもしれない。同年代と比べて，複雑な日常生活上の課題ではいくらかの支援を必要とする。成人期において，支援は通常，食料品の買物，輸送手段，家事および子育ての調整，栄養に富んだ食事の準備，および銀行取引や金銭管理を含む。娯楽技能は同年代の者たちと同等であるが，娯楽に関する福利や組織についての判断には支援を要する。成人期には，競争して，概念的な技能に重点をおかない職業に雇用されることがしばしばみられる。一般に，健康管理上の決断や法的な決断を下すこと，および技能を要する仕事をうまくこなせるようになることには支援を必要とする。子育てに一般的に支援が必要である。
中等度	発達期を通してずっと，個人の概念的な能力は同年代の人と比べて明らかに遅れる。学齢期前の子どもにおいては，言語および就学前技能はゆっくり発達する。	社会的行動およびコミュニケーション行動において，発達期を通して同年代と明らかな違いを示す。話し言葉は社会的コミュニケーションにおいて通常，第一の手段であるが，	成人として食事，身支度，排泄，および衛生といった身のまわりのことを行うことが可能であるが，これらの領域で自立するには，長期間の指導と時間が必要であり，何度も注意喚起が必要となるかもしれない。同様に，

	学齢期の子どもたちにおいて，読字，書字，算数，および時間や金銭の理解の発達は学齢期を通してゆっくりであり，同年代の発達と比べると明らかに制限される。成人において，学習技能の発達は通常，初等教育の水準であり，仕事や私生活における学習技能の応用のすべてに支援が必要である。1日の単位で，継続的に援助することが毎日の生活の概念的な課題を達成するために必要であり，他の人がその責任を完全に引き受けてしまうかもしれない。	仲間たちと比べてはるかに単純である。人間関係の能力は家族や友人との関係において明らかとなり，生涯を通してよい友人関係をもつかもしれないし，時には成人期に恋愛関係をもつこともある。しかし，社会的な合図を正確に理解，あるいは解釈できないかもしれない。社会的な判断能力および意思決定能力は限られており，人生の決断をするのを支援者が手伝わなければならない。定型発達の仲間との友情はしばしばコミュニケーションまたは社会的な制限によって影響を受ける。職場でうまくやっていくためには，社会的およびコミュニケーションにおけるかなりの支援が必要である。	すべての家事への参加が成人期までに達成されるかもしれないが，長期間の指導が必要であり，成人レベルのできばえを得るには継続的な支援が通常必要となるであろう。概念的およびコミュニケーション技能の必要性が限定的な仕事には自立して就労できるだろうが，社会的な期待，仕事の複雑さ，および計画，輸送手段，健康上の利益，金銭管理などのそれに付随した責任を果たすためには，同僚，監督者およびその他の人によるかなりの支援が必要である。さまざまな娯楽に関する技能は発達しうる。通常，これらの能力は長期にわたるさらなる支援や学習機会を必要とする。不適応行動がごく少数に現れ，社会的な問題を引き起こす。
重　度	概念的な能力の獲得は限られている。通常，書かれた言葉，または数，量，時間，および金銭などの概念をほとんど理解できない。世話をする人は，生涯を通して問題解決にあたって広範囲に及ぶ支援を提供する。	話し言葉は語彙および文法に関してかなり限られる。会話は単語あるいは句であることもあれば，増補的な手段で付け足されるかもしれない。会話およびコミュニケーションは毎日の出来事のうち，今この場に焦点が当てられる。言語は解説よりも社会的コミュニケーションのために用いられる。	食事，身支度，入浴，および排泄を含むすべての日常生活上の行動に援助を必要とする。常に監督が必要である。自分自身あるいは他人の福利に関して責任ある決定をできない。成人期において，家庭での課題，娯楽，および仕事への参加には，継続的な支援および手助けを必要とする。すべての領域における技能の習得には，長期の教育と継続的な支援を要する。自傷行為

		単純な会話と身振りによるコミュニケーションを理解している。家族や親しい人との関係は楽しみや支援の源泉である。	を含む不適応行動は，少数ではあるが意味のある数として存在する。
最重度	概念的な技能は通常，記号処理よりもむしろ物理的世界に関するものである。自己管理，仕事，および娯楽において，目標指向的な方法で物を使用するかもしれない。物理的特徴に基づいた照合や分類など，視空間技能が習得されるかもしれない。しかし，運動と感覚の障害が併発していると，物の機能的な使用を妨げるかもしれない。	会話や身振りによる記号的コミュニケーションの理解は非常に限られている。いくつかの単純な指示や身振りを理解するかもしれない。自分の欲求や感情の大部分を非言語的および非記号的コミュニケーションを通して表現する。よく知っている家族，世話する人，および親しい人との関係を楽しみ，身振りおよび感情による合図を通して，対人的相互反応を開始し，反応する。身体および感覚の障害が併発していると，多くの社会的な活動が妨げられるかもしれない。	日常的な身体の世話，健康，および安全のすべての面において他者に依存するが，これらの活動の一部にかかわることが可能なことがあるかもしれない。重度の身体的障害がなければ，食事をテーブルに運ぶといった家庭での日常業務のいくつかを手伝うこともある。物を使った単純な行動は，いくらかの職業活動参加への基盤となるかもしれないが，それは高水準の継続的な支援を伴った場合である。娯楽的な活動は，例えば音楽鑑賞，映画鑑賞，散歩，あるいは水遊びへの参加などもありうるが，すべてで他者の支援を必要とする。身体および感覚の障害を併発すると，しばしば家庭的，娯楽的，及び職業的な活動へ参加すること（見ているだけでない）の障壁となる。不適応行動が，少数ではあるが意味のある数として存在する。

＊ APA（2013）DSM-5より作成

3 全体的な人としての理解 ···

　知的障害の定義・概念を提唱し，歴史的・国際的に強い影響を与えてきたAAIDD[1]の第11版の知的障害の定義では，図5−2−1のような多元的モデルを提起している。"人としての働きの概念的枠組み"が人としての働き

に影響を及ぼす５つの次元（知的能力，適応行動，健康，参加及び状況）と
支援の２つの要素で構成されている。知的障害
の発現が知的能力，適応行動，健康，参加，状
況及び個別支援の間に相互にダイナミックな影
響を及ぼすことが理解できる。全体的な人とし
て理解していくことと個人の側の条件と環境的
条件（状況，支援）との相互作用の枠組みで捉
えることが，知的障害者の理解と支援において
重要な人としての働きの概念モデルを示唆して
いる。

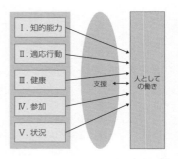

図５－２－１　人としての働きの
概念モデル
（AAIDD，2010）

4　定型発達児における脳の発達

　生まれたばかりの赤ん坊の脳は400ｇであるが成人期には1,400ｇになり，
約３倍大きくなる。生後６か月で出生時の２倍になり，７～８歳で大人の重
量の90%になる。あとはゆっくり完成し，20歳前後で完成する。生後，脳細
胞は増えることはない。一つ一つの神経細胞の樹状突起が発育して神経の回
路ができる。６歳頃に大脳皮質の場所の回路ができあがるとされ，前頭葉の
回路の完成はやや遅れて10歳頃に完成するといわれる[4]。生涯のなかで最も
急激に脳の重量が増加していく生後最初の２年間に，脳内の白質が増加して
いく。それは，神経線維の周りに神経インパルスをより効果的に伝える絶縁
体の層であるミエリン髄鞘が増加するからである。また，子どもが学習して
いくことにより，大脳の灰白質の連合（シナプス間の連合）がみられるのだ
が，過剰にある神経細胞のネットワークを刈り込み精錬化されていく過程も
存在することが知られている。生後最初の数か月間に灰白質は過剰生産され，
発達の過程を通してそれは精錬され，シナプスの刈込みが行われ，最終的な
回路を確立している。ライフサイクルの様々な時点で，このような脳の構造，
組織の継時的変化が生じている。思春期に，灰白質は，様々な機能の大脳の
領域において，新しい潜在的能力が発生するのに伴い再構成される。この第

二の急激な増加は前頭前皮質において最もみられ，それは実行機能に関係する脳の場所にあたる。実行機能とは，プランニング，変化を予測すること，そして感情と行動の制御に関係する脳内処理のプロセスである[4]。

5 知的障害児の脳の発達の特性

　就学前期に，定型発達を示す子どもたちでは，経験したことを記憶に残す能力が出現する。行動を抑制する脳の処理機能もまた，その時期に確立され，行動の抑制が可能になる。そして，自分の意図を自覚するようになり，直面する生活のなかで生じる変化に合わせた選択をすることができるようになる。この点において，自己の意図を抑制する能力に制限が広くみられるダウン症候群，ウィリアムズ症候群，プラダーウィリー症候群などの知的障害児の症候群と定型発達児との間で大きな違いがある。思春期までの時期は抽象的推理，先行的プランニング，知的判断が通常確立される時期であるが，知的障害を伴う症候群は，それらの能力に制限がみられる。Harris[3] は，制限の程度は知的障害の状態により，どのように様々な能力が発現するのか，またはある能力は想定された時間を過ぎても発現しないことがあるのかということは症候群によって異なるとしている。こうした指摘は遺伝情報の異なる症候群ごとの発達的見通しをもつことの重要性も示唆している。ただし，Harris 自身も指摘しているが，同じ症候群のグループにおいても個人間の差があることを考慮する必要がある。いずれにしても，知的障害者の潜在的能力の発現を，その療育・教育の目的と考えるならば，症候群ごとの発達の見通しをもち，個人の発達の状態，特性を捉え，一人一人の発達状況を理解していくことは重要な視点であると考える。

【文献】
1 ）AAIDD（2010）：Intellectual Disabilities 11th. 太田俊己・金子健・原仁・湯及英史・沼田千妤子共訳（2012）：知的障害　第11版. 日本発達障害者福祉連盟.
2 ）APA（2013）：Desk reference to the diagnostic criteria from DSM-5. Arlington, VA. 高橋三郎・大野裕監訳（2014）：DSM-5精神疾患の診断・統計マニュアル. 医学書院.
3 ）Harris, J. C.（2010）：Intellectual Disability A Guide for Families and Professionals. Oxford university press.
4 ）塚原中晃（2010）：脳の可塑性と記憶. 岩波書店.

3 病理

1 知的障害の原因別分類 ……………………………………………………

知的障害の多くは原因不明であり，その要因は３つに大別して考えられる。

生理的要因

　身体的に基礎疾患や特別の異常はみられず，脳発達が低い水準に偏ったと考えられる。生理的要因から遺伝子の組み合わせで知的障害を引き起こしたと考えられ，主に軽度・中等度のことが多い。遺伝性精神遅滞は原因不明であり，知的に低い体質が遺伝したかたちであり，出生のおおよそ１％を占めている。

病理的要因

　脳に何らかの疾患あるいは損傷があり，知能発達が妨げられたと考えられる。

心理・社会的要因

　知的発育の大切な時期に著しく不適切な環境に置かれている場合であり，児童虐待はその典型である。ネグレクトを代表とした，会話の不足した情緒環境や衣食住と心の満たされない養育環境などから，知的能力が育まれない例も近年，増加が目立つ。さらに世界に目を向けると IQ 感作自体が現代文明社会において育っている児に有利となっており，未開発国や閉鎖された民族や山岳地帯などでの固定された生活様式で生活する児では IQ 数値に差が出る可能性がある。改めて，知的能力と児の置かれる養育環境についても深く考え，養育支援をしていく必要がある。

2 知的障害の病理的要因 ……………………………………………………

(1) 先天的な要因，妊娠中（胎児期）の要因

先天性代謝異常，先天性風疹症候群，性感染症ウイルスによる疾患，妊娠時の放射線被爆，妊娠時の有機水銀中毒，薬剤，過剰アルコール摂取がある。

①先天性代謝異常

食物中の栄養素を消化吸収排泄する代謝が正常に機能しない先天性疾患で，生下時直後は外見上異常なく，日時を経て身体症状や発達遅延などの多彩な症状が出現することが多い。現在15種類139疾患とされ，代表的な疾患を示す。

アミノ酸代謝異常症

・フェニールケトン尿症……12番染色体（12q23.2）に位置する PAH 遺伝子の変異に基づく常染色体劣性遺伝である。フェニルアラニンをチロジンに変換するフェニルアラニン水酸化酵素が先天的に欠如するため，血中および組織中にフェニルアラニンが蓄積し，未治療の場合，生後3～4か月から症状が出現する。脳への障害として，脳波異常，けいれんがみられ，高度の知的障害に進行していく。メラニン欠乏による赤い毛髪と薄い皮膚色，フェニールケトン体の尿中排泄による尿の特有臭（ネズミ尿様）が特徴である。

・先天性色素欠乏症……先天性白皮症，先天性メラニン欠乏症，あるいは眼科領域では白子症とも言われる。チロジンからメラニン色素合成経路の障害である。チロシナーゼの欠如，あるいは一部ではチロジン転送が障害されている。知的障害，視覚障害をきたす。

有機酸代謝異常症

・ガラクトース血症……常染色体劣性遺伝疾患である。ガラクトースからグルコースへの代謝経路の酵素欠損で血中・尿中にガラクトースが増加する。新生児期に嘔吐，哺乳力低下，不機嫌，筋力低下，肝臓腫大，黄疸などを発症する。ガラクトース除去ミルクなど適切な治療が施されないと，白内障，知能障害となる。

ライソゾーム病

・ニーマンピック病……常染色体劣勢遺伝疾患である。肝臓，脾臓，骨髄の網内系細胞と神経細胞にスフィンゴミエリン，コレステロール，糖脂質などが蓄積する。中でもA型は乳児期早期から肝脾腫が著名であり，筋緊張低下や哺乳障害が出現し，6か月以降に精神運動発達障害が明らかとなり急速に進行する。眼底のチェリー・レッドスポットが特徴である。予後不良でほとんどが3歳前後に死亡する。C型は新生児期の死亡から成人期に発症する例まで幅広い。神経症状が早期から出現し，小脳失調や構音障害，嚥下障害，知的障害，けいれんなどが進行する。核上性垂直性眼球運動障害とカタレプキシーは本症に特徴的である。低年齢の発症では予後不良が多い。

金属代謝異常症

・ウイルソン病……常染色体劣性遺伝疾患である。銅の代謝異常で，肝臓，脳，腎臓などに銅が沈着する。脳に沈着するとパーキンソン病様症状，精神症状が出現する。

②先天性風疹症候群

　風疹免疫のない女性が妊娠初期に風疹ウイルスに感染し，母体血液ならびに胎盤を通して胎児にも感染し，胎内診断，あるいは出生後に症状が明らかとなる。発生頻度は妊娠1か月での感染で50%以上，2か月で35%，3か月で18%，4か月で8%程度であり，5か月以上はほとんどなくなる。症状三徴は白内障，先天性心疾患，難聴であるが，先天性緑内障，色素性網膜症，

紫斑，脾腫，小頭症，無脳症，知的障害，小眼球症などが知られている。

③性感染症ウイルスによる疾患（早期先天梅毒）

　妊娠中の梅毒トレポネーマという細菌感染により，生後3か月以内に発症する早期先天梅毒は重篤な例が多く，大きく特徴的な水疱や発疹が手足に出現することから始まり，膿性・血性分泌物が鼻腔から流出し，リンパ節腫大・肝脾腫・眼症状・けいれん発作・知的障害・骨発育不全が出現する。

④妊娠時の放射線被爆

　胎児の放射線の感受性は大きく影響されやすい。特に妊娠初期に線量が多いと，胎児死亡・奇形・発育遅延・知的障害・悪性腫瘍などが出現する。

(2)　妊娠中（胎児期），出産時・新生児～乳幼児期における要因

　妊娠中の成長障害，分娩時のアクシデント，超低出生体重児，新生児期ビタミンK欠乏性出血症，不適切な養育環境，感染症，器質性疾患などがある。

①妊娠中の成長障害，分娩時におけるアクシデントなど

　母体の疾患などが影響し，胎児期の成長不全を起こすことがある。例えば，妊娠高血圧では胎児への血流が低下し，胎児への酸素・栄養不足から発育不全を引き起こす。早産，死産，新生児仮死，低出生体重児などが多くなる。妊娠中の一部の薬剤や過剰アルコール摂取も胎児への影響があることもある。分娩時に骨盤位などで分娩遷延をきたし仮死による無酸素・低酸素による脳細胞損傷や，分娩中の圧迫や落下などでの分娩外傷によって脳へのダメージを起こすこともある。

②超低出生体重児

　周産期・新生児医療の進歩とともに，30年前は医療の対象外であった出生時体重1,000g以下の超低出生体重児の退院例は増加している。わが国では1975年約1,000人，1985年約2,000人，2005年以降3,000人以上と増加している。全出生数の0.3％の超低出生体重児だけで，新生児死亡の1/3を占めている。母体内での成長が整えられる前に出生することにより多臓器が未熟なことがあり，長期予後に影響すると考えられる疾患は呼吸窮迫症候群，動脈管開存

症，脳室白質軟化症（脳性麻痺），重症慢性肺疾患，脳内出血などで，知的障害を残す割合が高い[2]。

③新生児期ビタミンK欠乏性出血症

　新生児では，ビタミンKは経胎盤移行性が悪く，腸内細菌叢が形成されていないことからビタミンK欠乏に陥りやすい。栄養バランスが良いとされている母乳であるがビタミンK含有は少なく，新生児はビタミンKの吸収能が低いことなどから，ビタミンK欠乏に陥りやすい。特に，出生後７日までに発症する新生児ビタミンK欠乏性出血症は，出生後24時間以内から発症することが多く，皮膚に出現する出血斑や止血困難，消化管出血による吐血，下血が高頻度にみられる。

④器質性疾患

●脳室周囲白質軟化症

　早産児や低出生体重児で脳室周囲から深部白質に向かう動脈と脳表面から脳室へ向かう静脈の循環が悪化し，脳虚血となる疾患である。虚血部位や程度で症状は異なり，痙性麻痺や知的障害をきたしやすい。てんかんの原因ともなる[1]。

●てんかん

　様々な原因で起きる慢性の脳の疾患で，大脳のニューロンの過剰な放電により反復する発作が主な症状である。てんかん発作は，大脳の部分のどこが異常興奮状態にあるかで多彩な発作症状が出現する。大きく２つのグループに分かれ，大脳半球に一気に起きる全般発作は全身けいれんや意識消失発作を発症し，部分発作は脳のある一部から発症する発作を惹起する。診断は脳波測定により脳内病変からの過剰なニューロン発射によるてんかん性発作波を確認し，磁気共鳴画像（MRI）にて画像診断を行う。その原因は現在医学的に原因がはっきりしないものが１/２，出産時前後の異常によるものが１/４，出生後の感染症や外傷によるものが１/８，遺伝と考えられるものが１/12とされている[3]。重症型のてんかん，いわゆる難治性てんかんでは知能障害をきたしやすい。特に乳児期に発症する点頭てんかん（ウェスト症候

群），レノックス症候群は知能障害の頻度が高い。知能障害を伴いやすい小児の代表的な難治性てんかんの2疾患について述べる。

ウェスト症候群

　生後3〜9か月に発症する難治性てんかんで，発作は数秒間，頭をカクンと前屈し両上肢を振り上げ，時に股関節と膝関節を屈曲する発作を繰り返す。発作出現後は発達が停止あるいは後退し知的な遅れが出現する。治療は，抗てんかん剤をはじめ，ビタミンB_6大量療法や副腎皮質刺激ホルモン（ACTH）療法などがある。治療開始が遅れると予後不良となるため，早期診断早期治療が重要である。

レノックス・ガストー症候群

　2〜8歳に発症する幼児期の難治性てんかんで，20〜50%がウェスト症候群から移行したもので，最も難治性である。発作は多彩で，強直発作，脱力発作，欠神発作が代表的で，その他にもミオクロニー発作や全般性強直間代性発作もある。このように多彩な発作をもつため，治療もそれぞれの発作型に適応のある抗てんかん剤を選択することが難しい。ビタミンB_6大量療法やケトン食療法なども効果が認められるが，ウェスト症候群に適応の高いACTH療法は無効であり，頭部CTやMRI検査では脳萎縮を示すことが多い。

●染色体異常

　中・重度知的障害のことが多く，特徴的容貌のことも多い。

21トリソミー（ダウン症候群）

　21番目の染色体が3本の状態にある。ダウン症顔貌（平坦な顔貌，厚い唇，大きな舌，吊り上がった目など），筋力の低下，発達遅滞がみられ，知的障害は個人差がある。合併症として，先天性心疾患，悪性腫瘍（白血病など），消化器疾患（鎖肛，臍ヘルニアなど），難聴，白内障，斜頸などがある。現在，日本でのダウン症患者数は約8万人，推定平均寿命は60歳前後と考えられている。出生700〜800に一人の発症率とされている。

18トリソミー症候群（エドワーズ症候群）

　18番目の染色体が3本の状態である。手指の重なり，短い胸骨，揺り椅子状の足，小顎・小口で鼻筋が通り弓状眉毛などの顔貌，筋緊張が強く関節拘縮，先天性心疾患，呼吸器・消化器・泌尿器系合併症などの特徴をもち女児に多い。

13トリソミー症（パトウ症候群）

　小頭症，頭皮欠損，頭蓋骨部分欠損，小眼球症，網膜異形成，口唇口蓋裂，耳介低位，鼠経ヘルニア，小陰茎，停留精巣，単一手掌線，手指の屈曲拘縮，多指趾症，踵の突出，幅の狭い凸型の爪，知的障害などが特徴である。

5p-症候群（猫なき症候群）

　低出生体重（2,500g未満），成長障害，側弯，甲高い猫のような啼泣，小頭症，小顎症，

耳介低位，丸顔，内眼角贅皮，幅広い鼻梁などの顔貌所見や筋緊張低下，知的障害などが特徴である。

4p-症候群（ウォルフ・ヒルシュホーン症候群）

4p顔貌（幅の広い鼻の根元，突き出た額（ギリシャ兵士顔貌）），知的障害，筋緊張低下，けいれん，小頭症，目・耳の異常などがあり，女児に多い。

クラインフェルター症候群

通常の男性は性染色体がXYであるがXXYとなる疾患で男児のみに発症する。四肢の細長，停留精巣，無精子症，知的障害などが特徴である。

ターナー症候群

通常の女性は性染色体がXXであるがXOとなる疾患で女児のみに発症する。低身長，筋緊張低下，卵巣機能不全，先天性心疾患などがある。

●その他の症候群

プラダー・ウィリー症候群

原因不明だが，約70％に15番染色体長腕q11-13部分の染色体欠失が発見されている。乳児期からのフロッピーインファントが特徴で，筋緊張低下，肥満，知能低下，性腺発育不全を主徴とし，アーモンド様眼裂，魚様口唇，歯の異常，短頚などの特有な外観をもつ。

ウィリアムズ症候群

太い内側眉毛，眼間狭小，内眼角贅皮，腫れぼったい眼瞼，星状光彩，鞍鼻，上向き鼻腔，開いた厚い口唇などの特徴的な妖精様顔貌，知的障害，先天性心疾患，高カルシウム血症などを有する隣接遺伝子症候群である。加齢により精神神経面の問題が顕著になる。

脆弱X症候群

X染色体の異常に起因する疾患である。知的障害，情緒不安定，注意欠陥・多動性，自閉症様症状，長い顔・大きな耳・扁平な足，関節の過伸展を伴う。男性の方が女性より症状が重く，大部分が知的障害をみせる頻度の高い疾患である。

コルネリア・ド・デランゲ症候群

原因不明の先天性疾患である。知的障害に加え，低身長，四肢短小，眉毛の密生，下顎短小，多毛症などの特徴的な外観をもつ。

【文献】
1）浅野大喜・森岡周（2016）：脳室周囲白質軟化症および知的障害児の行動特徴．理学療法学，43，363-366.
2）河野由美（2014）：周産期母子医療センターネットワークデータベース解析からみた極低出生体重児の予後．日本小児科学会雑誌，118，613-622.
3）黒田吉孝・小松秀茂（2005）：発達障害児の病理と心理．培風館.

BASIC

第**6**章

肢体不自由者の教育

1 教育

❶ 肢体不自由教育の現状と課題 ……………………………………………

　肢体不自由とは，病気やけがなど様々な要因により四肢・体幹に不自由が
あり，日常の生活動作に永続的な困難がある状態を言う。肢体不自由教育は，
肢体不自由のある児童生徒の自立や社会参加に向けて一人一人の教育的ニー
ズを把握し，適切な指導及び必要な支援を行う教育である。

　肢体不自由教育の場としては，肢体不自由特別支援学校，小・中学校の肢
体不自由特別支援学級，小・中学校や高等学校（2018年度より）の通級によ
る指導がある。それぞれの在籍について，文部科学省5）の調査でみると
2018年度は，肢体不自由特別支援学校が350校（31,676人），肢体不自由特別
支援学級が3,117学級（4,718人）となっている。

　2007年度から盲・聾・養護学校は，特別支援学校となり，障害種別を越え
て設置できるようになった。そのことから，知的障害と肢体不自由を併設し
た特別支援学校も増えてきた。近年，児童生徒の障害の重度・重複化に伴っ
て，呼吸や摂食（嚥下）などの機能に障害のある児童生徒も増え，肢体不自
由特別支援学校においては，医療的ケアが必要な児童生徒が多く在籍するよ
うになってきた。また，インクルーシブ教育システムの導入により，小・中
学校の通常の学級で学ぶ肢体不自由児も増加する傾向にある。

　このような現状にあって，肢体不自由教育においては，①在籍する児童生
徒の障害の幅広さに対応した教育課程の編成，②肢体不自由のある児童生徒
の障害の特性に応じた指導の充実とカリキュラム・マネジメントの確立，③
医療的ケアの実施などに関わって看護師・医療機関などとの連携や教師の専
門性の確保，④通常の学級で学ぶ肢体不自由のある児童生徒の教育的ニーズ
に対応した教育の在り方とそれを支える特別支援学校のセンター的機能の充
実などが喫緊の課題となってきている。

❷ 肢体不自由特別支援学校の教育課程 ･････････････････････････

(1) 障害の多様化に即した教育課程の編成

文部科学省[2]は，教育課程を以下のように定義している。

> 教育課程とは，<u>学校教育の目的や目標</u>を達成するために，<u>教育の内容</u>を児童生徒の心身の発達に応じ，<u>授業時数</u>との関連において総合的に組織した各<u>学校の教育計画</u>である。
>
> （筆者下線挿入）

肢体不自由特別支援学校においては，就学基準に示されている肢体不自由のほか，知的障害，病弱などの他の障害を１つまたは２つ以上併せ有している重複障害のある児童生徒が多く在籍している。一方で，通常の教育に“準じる教育”で学習している児童生徒もおり，在籍する児童生徒の障害の状態が，非常に幅広いことが特徴である。そのため，障害の多様化に即した教育課程の編成が必要となる。全国的にみると，肢体不自由特別支援学校では，以下の４つの類型で教育課程を編成している学校が多い。

> ①小学校・中学校の各教科・領域を中心とした教育課程
> 　（通常の各学校の教科・領域　＋　自立活動）
> ②小学校・中学校の下学年の各教科・領域を中心とした教育課程
> 　（当該学年より下の学年の目標及び内容　＋　自立活動）
> ③知的障害者である児童生徒に対する教育を行う特別支援学校の各教科・領域を中心とした教育課程
> 　（特別支援学校学習指導要領における各教科・領域　注：領域に自立活動を含む）
> ④自立活動を主として指導する教育課程

その他，学校に通うことが難しい児童生徒に対しての“訪問教育”も行われている。訪問教育とは，「心身の障害が重度であるか又は重複しており，特別支援学校等に通学して教育を受けることが困難な児童・生徒に対し，特別支援学校等（注：原文では“養護学校等”と記載され，“盲学校，聾学校又は養護学校”のことを示す）の教員が家庭，児童福祉施設，医療機関等を訪問して行う教育」[1]と定義されている。なお，訪問教育は特別支援学校な

どにおける教育の一形態であることから，小学校・中学校・高等学校では実施することはできない。

このように多様な教育課程を編成する肢体不自由特別支援学校では，①・②に示した"準ずる教育課程"においては，各教科の指導内容の精選や授業時数の確保などが課題となっている。また，③に示したいわゆる"知的教科代替の教育課程"においては，指導の系統性や各教科等を合わせた指導（生活単元学習や作業学習など）の在り方などが課題となり，④に示したいわゆる"自立活動を主とした教育課程"においては，重度・重複化に対する教師の専門性の確保，医療的ケアへの対応などが課題となっている。

(2) 「重複障害者等の教育課程の取扱い」について

児童生徒一人一人の障害の状態などを考慮しながら，教育課程編成の検討を行う際に理解しておかなければならない規定が，特別支援学校学習指導要領に示された「重複障害者等の教育課程の取扱い」である。先に示した教育課程の類型についても，これらを便宜的に適用している。なお，「重複障害者等の教育課程の取扱い」について，以下の点に留意する必要がある6)。

□各教科等に加えて，自立活動を取り扱うことが前提となっていることを踏まえる必要があります。
  ・最初から既存の教育課程の枠組みに児童生徒を当てはめて考えないようにすることが大切です。
  ・児童生徒一人一人の学習の習得状況等を把握するとともに，残りの在学期間を見通しながら，各教科等のそれぞれの目標及び内容を踏まえて，どのような内容をどれだけの時間をかけて指導するかを検討します。
  ・各種規定を適用する際には，学習評価に基づき，適用することを選択した理由を明らかにしておく必要があります。
  ・「重複障害者等に関する教育課程の取扱い」は，重複障害者に限定した教育課程の取扱いではありません。

(3) 自立活動の指導について

自立活動は，特別支援学校の教育課程に特別に設けられた指導の領域であ

り，特別支援学校の教育課程において重要な位置を占めている。また，2017年に告示された小学校学習指導要領[2] などの総則は，特別支援学級や通級による指導においても，取り組む必要性が明記された。これらのことからも，自立活動の指導の適切な理解がより一層求められていると言える。文部科学省[3] は，自立活動の指導について，次のように示している。

学校における自立活動の指導は，障害による学習上又は生活上の困難を改善・克服し，自立し社会参加する資質を養うため，<u>自立活動の時間はもとより</u>，<u>学校の教育活動全体を通じて</u>適切に行うものとする。特に，<u>自立活動の時間における指導</u>は，各教科，道徳科，外国語活動，総合的な学習の時間及び特別活動と<u>密接な関連を保ち</u>，個々の児童又は生徒の障害の状態や特性及び心身の発達の段階等を的確に把握して，適切な指導計画の下に行うよう配慮しなければならない。　　　　　　　　　　　　　　　　　（筆者下線挿入）

すなわち，領域としての自立活動には2つの指導場面があることになる。
①自立活動の時間における指導
②学校の教育活動全体を通じて行われる自立活動の指導

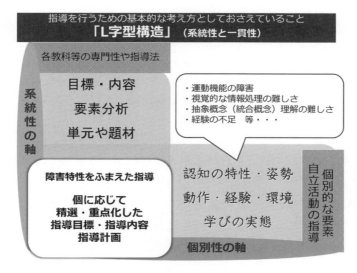

図6-1-1　筑波大学附属桐が丘特別支援学校「L字型構造」の考え方
（筑波大学附属桐が丘特別支援学校，2016）

なお，"学校の教育活動全体を通じて行われる自立活動の指導" には，各教科等の指導を行う中で行われる自立活動の指導も含まれる。

　各教科と自立活動の関係について，筑波大学附属桐が丘特別支援学校[9]は，図６－１－１のようなＬ字型構造を指導目標や指導内容を精選・重点化する際の基本的な考え方とし，縦軸（発達の段階性や教科の系統性）と横軸（認知特性や身体状況の個別の要素）を教師が意識することで，各教科と自立活動の関連を意識した目標設定ができるとしている。

③　肢体不自由のある児童生徒の「認知の特性」について

　肢体不自由のある児童生徒に対する各教科の指導や自立活動の指導においては，学習上の困難さに応じた手立てや配慮が必要となる。筑波大学附属桐が丘特別支援学校[8]は，肢体不自由特別支援学校に在籍する肢体不自由のある児童生徒の多くを占める脳性麻痺児にみられる障害の特性として，次のような特徴があるとしている。

---

①動作の困難さがもたらす学習上の困難さ
　　→上肢や下肢の障害，体幹を保持することの困難さ，言語障害など
②感覚や認知がもたらす学習上の困難さ
　　→視覚情報を処理することの難しさ，物事の概念を形成することの難しさなど
③経験や体験の不足がもたらす学習上の困難さ
　　→興味・関心の乏しさ，周囲や環境との調整意識の乏しさ，受け身的な態度，自信のな
　　　さなど

　この３点の中でも，特に「②感覚や認知がもたらす学習上の困難さ」は，"周囲に気付かれにくい障害の特性"とされ，眼球運動など視機能の問題や位置関係や空間関係といった視覚認知のつまずきに起因する困難さであると考えられている。これらの認知の特性に対して，筑波大学附属桐が丘特別支援学校[7]は，以下のように整理している。

・ものの「見えにくさ」
　例：文字や行を飛ばさず読むこと，文字の形を捉えること

　　　　マスや罫線の中にバランスよく書くこと
・事象の「捉えにくさ」
　　例：事柄の順序や要点を整理して話すこと・聞くこと・書くこと
　　　　物語の流れを理解したり，説明文の内容を読み取ったりすること

4　肢体不自由特別支援学校における実践事例

(1)　文章理解に困難のある生徒に対する国語科の読解指導
　―「認知」に焦点をあてた国語科の授業づくり―

①本授業ができるまで

　文章理解に困難を示す肢体不自由のある児童生徒の中には，日常的な会話や言語による指示理解ができても，文章のあらすじ，登場人物の心情，主題や要旨の理解につまずきがみられる場合がある。

　本事例の対象生徒（高等部2年：知的代替の教育課程を履修・脳性麻痺）には，①文字や行の読み飛ばしがある，②読み誤りに自分では気が付かない，③逐次読みのため，音読に時間を要するといった特徴がみられた。このような場合，文章の内容理解が難しくなる。肢体不自由教育においては，このような状態の脳性麻痺児に"空間の位置関係を捉えることの難しさ"などのつまずきがあることが知られている。一見すると，文章理解には直接関係ないように思われる空間認知面のつまずきは，文字を単語のかたまりとして認識することの困難さ，文と文の関係や場面同士のつながりを考え，書かれた内容の全体像を頭の中にイメージしながら読み進めることの難しさなどにつながる。そのため，教科指導を行う上では，これらのつまずきに対する手立てや配慮が必要となる。

　このように"なぜ，読解につまずくのか"という視点からその背景要因を分析したことにより，対象生徒が"わかる・できる"を実感できる授業を実現するためには，"認知"に焦点をあてた国語科の授業づくりが必要であると考えるようになり，図6－1－2に示す視点から国語科の授業を構想した。

図6-1-2　国語科の授業づくりの視点

②「認知の特性」へのアプローチ

　まず，学校生活全般における行動や授業時の様子から対象生徒の学習スタイルをアセスメントした後，客観的な指標としてK-ABC心理・教育アセスメントバッテリーやフロスティッグ視知覚検査（注：視覚と運動の協応・図形と素地・形の恒常性・空間における位置・空間関係における知覚年齢を算出できる検査）を実施し，対象生徒の得意な認知処理様式を明らかにした。

　結果，場面における "いつ" "どこで" "だれが" "どうした" などを継次的に提示することや問題の解き方や考え方などを一つずつ解説し，思考のパターンを学習できるようにすることが指導上の配慮点として重要であることが明らかになった。また，"空間における位置関係" の知覚年齢が他より低いため，読む上で負担を軽減するための手立てが必要だと考えられた。

③「教科の視点」からのアプローチ

　読解の指導ステップを考えるに当たっては，認知心理学の知見やLD児に対する指導方法を参考に "文章を読んで内容を理解する" という行為がどのような認知プロセスを経ているのかを検討した。文章理解の過程を入力・情報処理・出力に分け，各過程においてどのような指導や配慮が必要となるの

かについて図6－1－3のように考えた。本実践では，読解の指導ステップの最初に"速読"を位置づけた。実際の指導では，図6－1－4のように視覚的に文章を捉えやすいように教材テキストの"リ・ライト"（注：字間・行間・提示する文章量を調整し，テキストを書き直す）を試みた。

　その結果，文字列を単語や文節のかたまりとして素早く認識できるようになり，目で文字を追うことに対する労力が軽減された結果，流暢に音読ができるよ

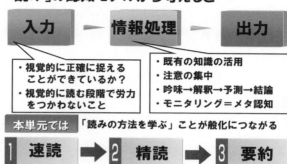

「読み」の認知モデルから考えると・・・

入力 ━ 情報処理 ━ 出力

・視覚的に正確に捉える
　ことができているか？
・視覚的に読む段階で労力
　をつかわないこと

・既有の知識の活用
・注意の集中
・吟味→解釈→予測→結論
・モニタリング＝メタ認知

本単元では 「読みの方法を学ぶ」ことが般化につながる

1 速読 ➡ 2 精読 ➡ 3 要約

図6－1－3　認知モデルに基づく誤解の指導ステップ

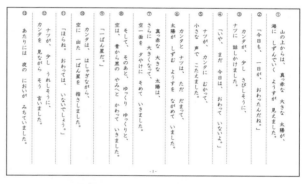

図6－1－4　教材テキストの「リ・ライト」の例

うになった。このような取組みの後，精読において難解語句や各文の主語の確認，動作化などを行い，場面を"○○が〜する・なる話"というかたちで要約するというパターンで毎時の指導を行った。指導ステップをルーティン化したことにより，思考のパターンが学習され，身に付けた読解スキルを別の題材文にも般化させることができるなど，読解力の向上や指導の定着を感じることができた。

(2) 多面的・総合的な視点からの摂食指導の取組み

① ICF（国際生活機能分類）を活用した生徒理解

　本事例の対象生徒（高等部１年：自立活動と主とした教育課程を履修・脳性麻痺）の摂食機能は，離乳初期（ペースト状）から中期（舌で押しつぶせる程度）に当たり，学校給食では，キッチンばさみで普通食を刻み，とろみを付けることで対応していた。誤嚥の症状などはみられないものの，水分を摂取するときや刻んだ野菜を食べるときにむせることがしばしばあった。

　コミュニケーション面については，発語はないものの問いかけに対し，首を縦や横にふることで YES，NO の意思表示はできていた。給食時，食べたくないときには，舌を出したままにすることで拒否の意思を表示することがあった。また，指導（介助）者によっては全く食べない，いつもは食べる献立であっても食べないときがあるなどの様子がみられた。

　そこで，改めて ICF の視点から事例対象生徒の摂食面での課題を図６－１－５のように整理した。このように ICF 関連図を通して摂食指導の在り

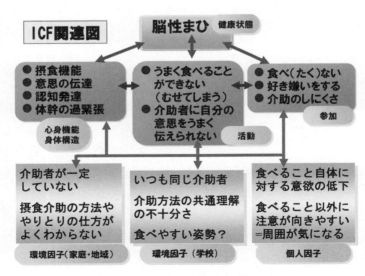

図６－１－５　摂食面の課題と関連する要因

方を見直すと，課題は，対象生徒の摂食機能面のみにあるのではなく，対指導（介助）者との関係性（環境因子）や介助を受ける側としての生徒が，摂食指導時にどのような気持ちなのか（主観）などにも及ぶことが明らかになった。摂食指導においては，ともすれば食形態や介助方法など，専門的な知識に目が向きがちであるが，"どうして食べたくないのか""なぜ好き嫌いをするときがあるのか"など，心理面にも焦点をあてることが重要であると考える。

②**実践例Ⅰ：摂食機能の向上に向けた自立活動の指導**

　年度当初，対象生徒には，体幹に過度の緊張がみられ，気持ちが高ぶると更に緊張が強くなるということが多くあった。それに伴って，口唇の閉鎖が鈍く，嚥下時にむせてしまう様子もみられた。

　そこで，動作法や静的弛緩誘導法などの訓練方法を参考に，写真6－1－1から6－1－4のように食事前に口周辺の緊張をゆるめるためのアプローチを試みた。

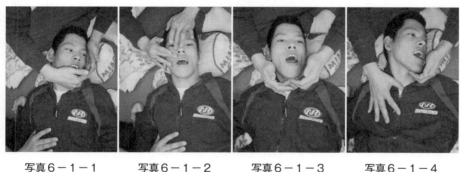

写真6－1－1	写真6－1－2	写真6－1－3	写真6－1－4
（ほほ）	（唇）	（あご下）	（のど）

写真6－1－1：口の周囲を取り巻く筋をゆるめ，口を閉じる動作を円滑にする。
写真6－1－2：唇を開く働きがある筋をゆるめ，唇を閉める動作を円滑にする。
写真6－1－3：舌を突き出してしまう緊張をゆるめ，下あごと舌の動作及び相互の動作の分離を図る。
写真6－1－4：舌骨と胸の間を広くすることで，舌の上・下の動きを円滑にする。

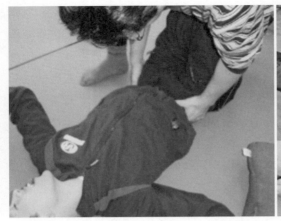 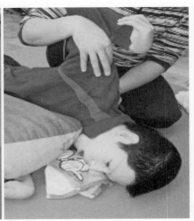

写真6－1－5　体幹（骨盤）へのアプローチ　　　写真6－1－6　肩まわりへのアプローチ

　また，毎日の1単位時間（50分）の“自立活動の時間における指導”を通して，写真6－1－5や写真6－1－6のように体幹，特に胸前や肩胛骨付近や上肢の緊張をゆるめる指導を継続して実施した。

　これらの取組みにより体幹の緊張がゆるむと口の動きも良く，そしゃくするような動きがみられるようになり，むせてしまう場面も減少するなど，日々の自立活動の指導を摂食機能の向上にもつなげることができた。

③実践例Ⅱ：「サポートブック」の作成－学校・家庭・関係機関の連携－

　実践例Ⅰと並行し，学校での給食場面における対象生徒と指導（介助）者の関わりについてもVTRを基に分析を進め，心理的に安心して食べることを促進できるような環境づくりに努めた。具体的には，摂食場面を単に食べるための時間として考えるのではなく，対象生徒との意思疎通を図り，お互いの信頼関係を築く場とすることを指導（介助）者間で共通理解した。

　その上で，摂食介助の際の留意点と対象生徒のコミュニケーション面での配慮事項などを図6－1－6のようなサポートブックとしてまとめ，車椅子にぶら下げておくようにした。この取組みを通して，寄宿舎やショートステイ時の関係機関における“サポートブック”の活用が広がった。結果，場所

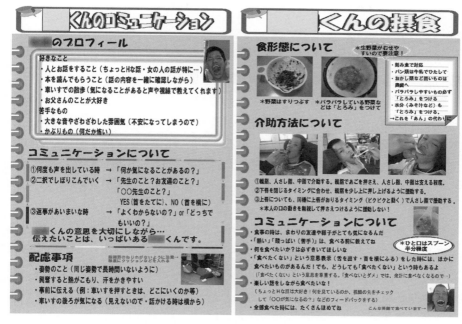

図6－1－6　関係機関との連携を深めるためのサポートブック

が変わったり，指導（介助）者が替わったりしても，対象生徒が抵抗感や負担感を感じずに食べられるようになり，食べることへの意欲自体の高まりがみられた。

【文献】
1）文部省（1978）：訪問教育の概要（試案）．特殊教育，21，42-45．
2）文部科学省（2017）：小学校学習指導要領．
3）文部科学省（2018）：特別支援学校教育要領小学部・中学部学習指導要領．
4）文部科学省（2018）：特別支援学校教育要領・学習指導要領解説　総則編（幼稚部・小学部・中学部）．
5）文部科学省（2019）：平成30年度学校基本調査．
6）長崎県教育センター（2020）：特別支援学校の教育の手引き－第3集－教育課程編．
7）筑波大学附属桐が丘特別支援学校（2008）：肢体不自由のある子どもの教科指導Q＆A．ジアース教育新社．
8）筑波大学附属桐が丘特別支援学校（2011）：「わかる」授業のための手だて．ジアース教育新社．
9）筑波大学附属桐が丘特別支援学校（2016）：研究紀要．51．

2　心理・生理

1 肢体不自由の主な疾患と障害の重度・重複化 ……………………………

　肢体不自由の主な疾患には，①脳性麻痺や脳外傷性後遺症，脳血管障害などの脳性疾患，②二分脊椎や脊髄腫瘍，脊髄損傷などの脊髄疾患，③筋ジストロフィー症や重症筋無力症などの神経・筋疾患，④骨形成不全症や軟骨異栄養症などの骨系統疾患がある。最近の医療の進歩により，疾患の構造は大きく変化してきているものの，脳性疾患が肢体不自由全体の8割弱であり，そのなかでも脳性麻痺が最も多い。

　脳性麻痺は，「受胎から新生児（生後4週間）までの間に生じた，脳の非進行性病変にもとづく，永続的なしかし変化しうる姿勢および運動の異常である。その症状は満2歳までに発現する。進行性疾患や一過性運動障害，または将来正常化するであろうと思われる運動発達遅延は除外する」と定義される[4]。基本的には運動障害のみを有するが，実際のところは脳性麻痺の2人に1人が知的障害を，4人に1人がてんかんの合併症を有している。その他にも，摂食障害や呼吸障害，睡眠障害や消化管機能障害を伴っていることが多い。これらは全身の筋緊張の亢進に由来しているため，適切なアプローチが非常に重要となる。

　肢体不自由特別支援学校に在籍している児童生徒のなかには，脳性麻痺などの単一の障害ではなく，複数の障害を有する者も多数在籍している。こうした児童生徒は，重度・重複障害児と呼ばれている。

　重度・重複障害児は，複数の種類の障害（視覚障害，聴覚障害，知的障害，肢体不自由，病弱）がある（これを"重複障害"という）ことに加え，"重度の知的障害"あるいは"重度の行動障害（破壊的行動や多動傾向，自傷行為など）"がある児童生徒のことをさす。文部科学省が毎年公表している特別支援教育資料には，重度・重複障害児が全国の特別支援学校にどれほど在籍しているのかという具体的な数値は示されていない。知的障害の程度（軽

度，中度，重度）の調査がなされていないからである。そのため，"重複障害児"に該当する児童生徒をもとに推計することになるが，2018年度の特別支援教育資料6) における重複障害児は37,790名である。そのうち，知的障害と肢体不自由のある重複障害児は27,963名であることから，"重度"に該当する児童生徒数はこの数値内ということが推察される。

　一方，医療や福祉では，重症心身障害児（者）（以下，重症児（者））という概念がある。重症児（者）は児童福祉法や障害者総合支援法において，「重度の知的障害と重度の肢体不自由が重複」している人たちのことをさす。重度の知的障害とは，知能指数（IQ）が35以下をさし，重度の肢体不自由とは，自力での移動が困難な状態（寝たきりか座位が可能）をさす。重症児（者）の判定には，従来から図6－2－1に示した「大島の分類」7) が用いられてきた。これは，縦軸に知能指数（IQ）を，横軸に運動障害を示した25のマス目を設けており，区分1～4に該当する人たちを重症児（者）としている7)。なお，重症児（者）数は，約41,300人（施設入所者が約14,300人，在宅生活者が約27,000人）と推計されている。

				IQ 80
21	22	23	24	25
				70
20	13	14	15	16
				50
19	12	7	8	9
				35
18	11	6	3	4
				20
17	10	5	2	1
走れる	歩ける	歩行障害	座れる	寝たきり

図6－2－1　大島の分類 （大島, 1971）

2　医療的ケア児と超重度障害児

　近年，肢体不自由児や病弱児が在籍する特別支援学校において，痰の吸引や経管栄養を必要とする児童生徒が増えつつある。彼らは"医療的ケア児"と呼ばれており，2018年度の特別支援教育資料6) によると，全国の特別支援学校には8,567人が在籍している。

　学校においては，2012年4月から一定の研修を受けて認定特定行為業務従事者資格を得た教師が，特定の行為に限り医療的ケアを実施できるようにな

った。具体的には，口腔内，鼻腔内，気管カニューレ内部の喀痰吸引と鼻腔，胃ろう，腸ろうの経管栄養である。また，2019年３月には「学校における医療的ケアの今後の対応について（通知）」が発出された。この通知では，医療的ケア児の"教育の場"や学校における医療的ケアに関する基本的な考え方，認定特定行為業務従事者が喀痰吸引などの特定行為を実施する上での留意事項などが示されており，適切な対応を行うことが求められている。

　一方で，超重度障害児（以下，超重症児）とされる児童生徒もいる。超重症児とは，医療法で定められた概念であり，人工呼吸器管理や頻回の吸引，経管栄養などの医療行為の状態について超重症児スコアで評価する[8]。医療機関に入院している子どもの場合，超重症児あるいは準超重症児と判定されると入院診療加算の対象となる。

　超重症児についても増加しているとの報告がある。2007年には全国におよそ7,350人の超重症児がおり，そのうち5,000人弱が在宅で生活していると推計されていた。それが2015年には16,897人まで増加し，そのうち12,078人が在宅で生活していることが明らかとなった。今後，低年齢の超重症児の増加が予想されており，彼らの在宅生活や家族を支えることのできる社会の仕組みを早急に整備することが求められている。

　なお，医療的ケア児と超重症児の関係性について，北住[3]は図６－２－２のように重症児，肢体不自由児，知的障害児を含めて説明している。北住によると，医療的ケア児の中核は超重症児・準超重症児であること，重症児の３割～４割が超重症児・準超重症児とのことである。こうした児童生徒は，脳幹水準にまで及ぶ重篤な脳障害のために働きかけに対する応答が乏しく，教育的対応が困難であること，医療的ケアがあるという理由によって，学校への登校が認められず訪問教育の対象になっていること，学校への登校が認められたとしても，保護者が別室で待機する必要があること，居住する自治体によって利用できるサービスが異なることなど，教育や医療，福祉にまたがる課題が指摘されている[2]。

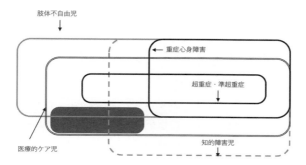

【医療的ケア】痰などの吸引，経管栄養（経鼻胃管，胃瘻，腸瘻），人工呼吸器管理，気管切開管理，経鼻エアウェイ管理，酸素療法（呼吸障害または心臓疾患に対して），薬液の注入，導尿，排便管理（一定量以上の浣腸，摘便），中心静脈栄養 (IVH)，人工肛門管理，透析，血糖測定・インスリン注射，難治性てんかんでのけいれん多発への対応（坐薬挿入，臨時吸引等）等。

　肢体不自由・知的障害が，ない，あるいは軽度であるが，医療的ケアを要する児童も存在し，増加しつつある（■■■■■■ の部分）。それぞれの囲まれた領域の広さが実際の数を反映しているわけではない。

図6－2－2　医療的ケア児の対象カテゴリーの概念図（北住，2018）

3 障害の重い子どもの心理とコミュニケーション ·····················

　自分の思いを相手に伝えたいとき，私たちは話し言葉や文字を使う。また，相手と向き合っているときには，表情や身振り，手振りなどを交えてコミュニケーションを取る。重症児ではどうだろうか。先に述べたように，彼らには重度の知的障害と重度の肢体不自由がある。そのため，自らの意図を話し言葉で伝えることが難しかったり，筋の不当な緊張のために，人や物に向かって手を伸ばすことが難しかったりする。また，相手からの働きかけの意図を十分に理解することが難しいかもしれない。重症児とのコミュニケーションを考えていく場合，コミュニケーションを発達的な側面から捉えていくことが求められる。コミュニケーション発達における3つの水準がある。"原初的コミュニケーション""前言語的コミュニケーション""言語的コミュニケーション"である[5]。重症児とのコミュニケーションにあたっては，"原初的コミュニケーション"を重視する必要がある。これは，二人（子どもと大人）の間で気持ちや感情が通じたり，共有されたりする事態をさすもので，完成されたコミュニケーションの母体となるものである。重症児は言葉にならない声や表情，目の動きなどで，関わり手に対し彼らの意図を伝えてくる。

133

関わり手には，彼らが示すそれらの行動を彼らの"ことば"として捉え，大胆に解釈し，彼らにとってわかりやすい"ことば"（話し言葉だけでなく，彼らの体の動きを補助するなど）として返していく。こうした言語行動以外のコミュニケーション関係を丁寧に積み重ねることにより，"前言語的コミュニケーション"の水準へと移行していくことが期待される。"前言語的コミュニケーション"は，子どもの表現内容がある程度分節してきており，大人の言語表現に対する理解もある程度進んでいるものの，言語的コミュニケーションには至らない水準で，指さしや共同注意などの行動が認められる水準である。なお，こうしたコミュニケーションの展開にあたっては，重症児が関わり手と目を合わせることができたり，人や物に向かって手を伸ばすことができたりするように，適切な姿勢づくりを行うことが求められる。

❹ 障害の重い子どもの感覚機能評価と生理心理学的評価 ·····················

　医療の進歩に伴い，人工呼吸器や気管切開，経管栄養などの医療的ケアを濃厚に必要とする超重症児が増加しつつある。彼らの中には，脳幹水準にまで及ぶ重篤な脳障害があるため，顔面神経麻痺により表情変化が認められない，体性神経反応としての体の動きが認められないなどの働きかけに対する応答が乏しいという特徴を有している者もいる。現在，こうした特徴を有する超重症児への教育的支援をどのように組み立てていくべきかが大きな課題になっている。

　超重症児の教育を考えていく上で，何よりもまず大切なのは彼らの感覚機能を適切に評価することである。例えば，聴力検査をするとき，ヘッドホンを装着し，音が聞こえたらボタンを押す。これは，検査者の言語教示を理解し，ボタンを押すことができるからこそ成立する検査法である。超重症児には，このような検査は難しいため，聴性脳幹反応という方法を用いて脳波から聴力を評価する。この検査法は，クリック音を1,000回程度聞かせ，聴覚の通り道（伝導路）から出てくる脳波を解析し，聞こえの有無を評価する。鼓膜から蝸牛神経，脳幹内を経て下丘までに至る聴覚伝導路を評価すること

ができる。同様に，視覚の場合は視覚誘発電位，体性感覚の場合は体性感覚誘発電位という検査法がある。超重症児は，医療機関でこれらの検査を受けていることが多い。そのため，家族や主治医などから情報を入手し感覚機能状態を知ることは，教育支援を行う上でとても大切なことである。

　超重症児の"こころ"に迫る方法として，生理心理学的手法が用いられることがある。呼吸器機能が脆弱な子どもたちのなかには，心電計やパルスオキシメーターを装着している者もいる。心電計は心臓の働きを電気現象である心電図として確認することが可能な機器である。心電図の波形からは心拍数（HR：Heart Rate）を計測することができる。パルスオキシメーターは，皮膚を通して末梢の動脈血酸素飽和度（SpO2）と脈拍数を計測する機器である。生理心理学の分野においては，従来から心拍数（脈拍数も同義として扱われている）の変化を読み取ることで，外界からの働きかけをどのように受け止めているのかを評価する試みが行われてきた[1]。一般的には，働きかけに対し心拍数が減少するときは"おや何だ？"という反応（定位反応）を示すことが，心拍数が増加するときは"びっくり"の反応（防御反応）を示すことが知られている。また，働きかけに対する期待反応を評価することも可能である。超重症児の教育的支援を考えるときには，彼らにとって受け止めやすい働きかけは何かということを日々の実践から探っていくこと，必要に応じて生理心理学的手法も活用することが求められる。

【文献】
1）片桐和雄・小池敏英・北島善夫（1999）：重症心身障害児の認知発達とその援助．北大路書房.
2）菊池紀彦（2020）：医療的ケア児と家族における在宅生活を継続するための支援の動向と課題．育療. 66, 21-29.
3）北住映二（2018）："医療的ケア"の再定義．小児看護. 41, 522-529.
4）厚生省脳性麻痺研究会（1968）：脳性小児麻痺の成因と治療に関する研究．厚生省特別研究.
5）文部省（1992）：肢体不自由児のコミュニケーションの指導．日本肢体不自由児協会.
6）文部科学省（2020）：特別支援教育資料（平成30年度）.
7）大島一良（1971）：重症心身障害の基本的問題．公衆衛生. 35, 648-655.
8）鈴木康之・武井理子・武智信幸・山田美智子・諸岡美知子・平元東・松葉佐正・口分田政夫・宮野前健・山本重則・大野祥一郎（2008）：超重症児の判定について―スコア改訂の試み―. 日本重症心身障害学会誌. 33, 303-309.

3 病理

❶ 肢体不自由の病理 ……………………………………………………

(1) 肢体不自由と運動障害

　肢体不自由者の運動障害には錐体外路系と小脳系があり，錐体外路系が障害されると不随意運動，筋トーヌス異常，姿勢異常の症状が現れる。小脳系が障害されると運動失調（協調運動障害，眼振，平衡障害，言語障害）が現れる。起因疾患としては脳性麻痺，筋ジストロフィー，二分脊椎，ミオパチー，後天性脳障害，水頭症，脊髄損傷，下肢切断，骨系統疾患などがある。

不随意運動
　　自らの意志で制御できない筋の異常運動。眼振，舞踏用運動（口唇あるいは四肢のゆっくりした運動），アテトーゼなど。

筋トーヌス異常
　　筋緊張の異常で，骨格筋が屈筋も伸筋も絶えず緊張が亢進している状態。

協調運動障害
　　四肢や体幹の円滑で迅速かつ正確な運動の遂行障害で，思うような動きができない状態。

平衡障害（歩行失調）
　　身体のバランスや姿勢が取りにくい状態で，平たんな道でつまずく，転倒しやすい，ふらつき，めまいなどがある。

言語障害
　　小脳系の障害の場合は構音障害で，意図した言葉が正しく発音・発声できない状態。

---

(2) 脳性麻痺

　胎児期から新生児期までに発生した脳障害による運動障害である。周産期医療の進歩により，核黄疸は減少したが，低出生体重児が低酸素，脳虚血や脳出血という侵襲を受けて発症したものが大部分を占める。運動障害は筋緊張，伸展反射が亢進する痙直型が最も多く，他にアテトーゼ型，固縮型，失調型，混合型がある。

核黄疸
　　間接ビリルビンが大脳基底核に沈着した状態で，新生児重症黄疸の合併症の一つ。低出生体重児の脳に起こる虚血性の疾患として，脳室周囲白質軟化症（PVL）があり，両側性に発症すると脳性麻痺を発症する率が高くなる。身体が硬く，突っ張るなどの姿勢の異常と伸展反射の亢進，原始反射が残存する反射の異常を伴う。

伸展反射
　　姿勢を維持するための反射。

原始反射
　　新生児期・乳児期にみられる反射で，乳を吸う吸啜反射などがある。一般的には生後3〜4か月で消失する。

　合併症として，脳性麻痺児の25％に視覚的処理能力が弱い傾向がみられ，難聴などの聴覚障害がみられることがある。また，てんかんの発症率は40％ほどで，知的障害の合併や運動障害の重度な子どもに多いといわれている。喉頭軟化症や筋緊張の亢進などの影響で呼吸器感染を起こしやすくなる。

　筋緊張のコントロール，装具療法，整形外科的治療，てんかんなどの合併症の治療が行われる。できるだけ早く機能訓練を開始し，抗てんかん薬などの服薬を確実に行うことが重要である。

(3)　筋疾患

①筋ジストロフィー

　筋細胞膜を構成するタンパクの欠如あるいは異常により，筋線維が壊死し，進行性の筋力低下と筋委縮がみられる遺伝性の病気である。

②デュシェンヌ型筋ジストロフィー・ベッカー型筋ジストロフィー

　X染色体劣性遺伝で男子のみに発症し，最も多い。デュシェンヌ型は筋細胞膜のジストロフィンが欠如し，臨床的には重症である。3〜5歳期に転びやすい，走れない，階段を登れないことで気付き，筋力低下，筋委縮が徐々に進行する。ベッカー型は軽症である。

③先天性筋ジストロフィー

　生後数か月までに全身性の筋力低下に伴って運動発達が遅れ，病理的に筋

ジストロフィー変化を呈す乳児期筋疾患の総称である。福山型は常染色体劣性遺伝で脳形成不全による知的障害がみられる。

④先天性非進行性ミオパチー

新生児あるいは乳児期早期より筋緊張低下・筋力低下を認め，運動発達・歩行開始が遅れる。幼児期以降に転びやすい，走れない，階段昇降が困難で，顔面筋の障害があることも多く，表情に乏しい印象がみられる。

ミオチューブラーミオパチーでは，常染色体性遺伝よりもX連鎖劣性遺伝をとるものは重症で，強い全身の筋力低下のために新生児期からの人工呼吸器管理が必要となる。

⑤脊髄性筋委縮症

脊髄前角細胞の変性・脱落により進行性の筋委縮・筋力低下が生じる疾患である。Ⅰ型（ウェルドニッヒ・ホフマン病），Ⅱ型（中間型），Ⅲ型（クーゲルベルグ・ヴェランダー病）があり，Ⅰ型が最重症である。Ⅰ型は生後3か月頃までに筋緊張低下と筋力低下で発症し，進行し寝たきり状態となる。

⑷ 神経系疾患

①二分脊椎

椎弓の癒合不全によって起こる先天奇形で腰仙部に多発し，脊椎骨の欠損部から脊髄・髄膜・髄液などが脱出している病態である。症状は軽度の運動麻痺程度から完全な四肢麻痺・膀胱直腸障害を示すものまで様々で，80％に水頭症，キアリ奇形（水頭症患児に発生する後脳奇形）を合併する。

②水頭症

髄液は脳室内の脈絡叢から分泌（500ml/ 日）され，脳室から脳表面のクモ膜下腔を循環し静脈に吸収される。この循環経路に狭窄・閉鎖が起こると頭蓋内に髄液が溜まり，水頭症が発生する。乳幼児では頭蓋内圧亢進により頭囲が拡大する。治療は過剰髄液を排出するシャント手術が行われる。

(5)　中枢神経系疾患

①頭蓋内出血性疾患

　硬膜下血腫，硬膜外血腫，クモ膜下出血，脳内出血などの頭蓋内出血の総称で，血腫量が一定以上に達すると頭蓋内圧が上昇し，意識障害，片麻痺などを呈するため脳神経外科的処置が必要となる。外傷と脳血管障害が２大原因である。

②低酸素性虚血性脳症

　分娩時の低酸素環境により，脳に何らかの障害が発生した状態で，脳症が高度であれば，脳性麻痺や知的障害などの後遺症がみられる。

③脳梗塞

　脳血管の閉塞によって生じ，アテローム（脂質と平滑筋細胞，マクロファージなどを含む堆積物が血管内に生じたもの）が原因で脳血管が狭窄・閉塞する脳血栓によるものと，心臓や頭蓋外の動脈にできた血栓が脳内に運ばれて血管を閉塞するものがある。子どもでは，先天性心疾患，細菌性心内膜炎，血管炎などが原因となる。

(6)　進行性骨化性線維異形成症（FOP）

　運動障害が進行する希少難病で，200万人に１人の割合で発症する。関節周囲の筋肉が骨化する異所性骨化の難病で，頚部・体幹部を中心に骨化が始まる。骨化が始まる前にフレアアップと呼ばれる発赤・熱感・圧痛を伴った腫脹が出現し，炎症が治まった頃に骨化する。手術や身体の一部を切除・摘出し検査する生検はフレアアップを惹起し，炎症や感染症を誘発するため，これらを避ける必要がある。関節が硬化すると，立ったり座ったりの動作が制限されるため，日常生活のケアの工夫が必要となる[2]。

② 肢体不自由の病理に関わる諸課題 ·····························

(1) 日常生活への課題

①日常生活を整える

　子どもの状態は常に変化し続けるため，ケアや支援を定期的に見直すことが重要である。睡眠や排泄のリズムなどの工夫をして生活リズムを整える。ポジショニングや生活の仕方を理学療法士などと相談しながら工夫して生活場面に合わせた姿勢が取れるようにする。子どもの障害の特性に合わせ，介助者側も安楽に行えるよう，生活のしやすい環境を整えることも大切である。

②安全・安楽を守る

　自宅での生活は，子どもの体調が急激に悪化するなど，家族には戸惑いが多くなる。子どもが安楽に過ごし，家族が安心して過ごすために苦痛や不快な症状を軽減することが重要である。また，起こりうる事態を予測して，その対応を伝え相談できる窓口や，災害発生に備える場合など，緊急時の対応を明確にしておく。

③地域の中で生活する

　自宅だけでなく，地域や社会で生活をする上での子どもや家族の思いを理解し，地域とのつながりを密にすることが大切である。きょうだいを含めた家族の生活について考え，子どもと家族を含めて専門者間で共有し連携することが重要である。

④養育を支える

　子どもの成長に伴い，ケアや住宅の使用が困難になってくる。患者会などの社会的な交流ができている保護者は家族からの支援も適切に受けることができている。特に母親は就学時によい学校生活を送るための環境を整える努力もしている。それでも，長い療養の間には，体調を崩すこともあり，高校卒業後の進路や災害・事故時の対処などに悩むことも多い。子どもの健康を守るために，日常的ケアや医療的ケアを確実に行い，周りの専門職者は子どもと家族との情報を共有し，困難さなどには何度も介入することが重要である。

(2)　医療的ケアと学校看護師

①医療的ケア

　医療的ケアとは，経管栄養の注入や痰の吸引など，日常生活をする上で必要とされる医療的な生活援助行為のことで，医療的ケアが日常的に必要な障害児を医療的ケア児という。医療的ケア児の6〜7割は重症心身障害児である。また，日常的に必要なインスリン注射や吸入なども医療的ケアと位置づけられている。日常生活での困難さには個人差がある。その子どもの生活の困難さに合わせて，ケアの工夫や支援の方法を考え，歩行や食事，排泄などの日常生活動作を子どもに最も適した方法で行うことができるよう，理学療法士や作業療法士と協力して，日常生活や遊びに取り入れるとよい[1]。家族が発達過程や制限を受け入れて楽しく生活できるように支援したい。

②学校看護師

　現在は多くの特別支援学校に学校看護師が常駐するようになった。2012年4月に特別支援学校において，一定の研修を受けた教師が一定の条件のもとに特定5行為として口腔内吸引，鼻腔内吸引，気管カニューレ内部の吸引，胃瘻・腸瘻による経管栄養，経鼻経管栄養が行えるようになった。文部科学省は，医療的ケア児が増加傾向にあり，人工呼吸器を使用する児童生徒が増えてきていることから，2019年3月に教職員の役割についても検討した。

　学校看護師は，医療依存度の高い児童生徒がよりよい教育を受けられるよう体調を整えることが職務である。教育が効果的に行われるように配慮し，児童生徒の健康と学習，将来のことも含め，児童生徒だけでなく，保護者や教師のことも常に考えて一番よいと考えたケアをしていく。教師は，学校看護師と協働して児童生徒のよりよい学校生活を支えることが大切である。

【文献】
1）桑田弘美・沖中紀男・白坂真紀他（2011）：在宅療養をする小児の地域支援システム構築に関する要因．岐阜大学教育学部研究報告（人文科学）．60(1)，179-188．
2）桑田弘美・曽我浩美・白坂真紀（2012）：FOP患者の小児期の日常生活．第42回日本看護学会論文集．157-160．

BASIC

第**7**章

病弱者の教育

1 教育

1 病弱・身体虚弱

病弱とは「心身の病気のため継続的又は繰り返し医療又は生活規制（生活の管理）を必要とする状態」を表す教育用語である。医療とは，病院に入院して治療することに限らず，自宅で療養したり通院したりして治療することも含んでいる。生活規制とは，入院生活上又は学校生活，日常生活上で留意すべきことなどで，例えば，健康の維持や回復・改善のために必要な服薬や，学校生活上での安静，食事，運動などに関して留意する点などがあることをさしている。

身体虚弱とは「病気ではないが不調な状態が続く，病気にかかりやすいなどのため，継続して生活規制を必要とする状態」を表す教育用語である。この捉えは時代背景によって変化しており，近年では，治療などの医療的な対応は特に必要とはしないものの，元気がなく，病気がちのため学校を欠席することが多い児童生徒で，医師から生活規制が継続して必要と診断された場合も含まれるようになっている。なお，短期間で退院したが，原因不明の不調状態が続く場合や体力的に通常の時間帯での授業を受けることが困難な児童生徒なども含まれている。

2 病弱教育の意義

病弱の状態や身体虚弱の状態，生活環境などに応じた適切な教育の実施は，病弱及び身体虚弱の児童生徒（以下，病弱の児童生徒）の学習の空白や学習の遅れを補完するだけでなく，病弱の児童生徒の生活を充実させ，心理的な安定を促すとともに，心身の成長や発達に好ましい影響を与えることにもなる。病弱・身体虚弱教育（以下，病弱教育）は，病気自体を治すものではない。情緒の安定や意欲を向上させることにより治療効果が高まったり，健康状態の回復・改善などを促したりすることに有効に働くものとして取り組まれて

いる。加えて，文部科学省[1]は，小・中学校の通常の学級や高等学校に在籍する児童生徒が病気により入院する場合もありうるので，病弱教育の担当者だけでなく小・中学校や高等学校の教職員や保護者，教育委員会などにも理解を広げ，児童生徒の入院時や退院後も適切な教育的対応を行っていくことが大切になるとしている。

❸　対象となる病気 ……………………………………………………

　古くは結核などの感染症が主であった。しかし，医学や医療の進歩，抗生物質の発見，公衆衛生の普及，生活環境の改善などにより，近年では慢性疾患が大きな部分を占めるようになった。慢性疾患は，発症が急激・短い経過である急性疾患に比べ，治療や経過の長い疾患の総称である。最近では比較的短期間の入院が多くなったが，入退院を繰り返したり，定期的な外来治療を受けたりするなど継続的な医療が必要で，生涯，病気とともに生活していくことが多い病気であり，病弱教育の対象となる慢性疾患を含む病気は次のようにされている[1]。

> ・気管支喘息（ぜんそく）
> ・腎臓病（急性糸球体腎炎，慢性糸球体腎炎，ネフローゼ症候群）
> ・筋ジストロフィー
> ・悪性新生物（白血病，神経芽細胞腫）
> ・心臓病（心室中隔欠損，心房中隔欠損，心筋症，川崎病）
> ・糖尿病（1型糖尿病，2型糖尿病）
> ・血友病
> ・整形外科的疾患（二分脊椎症，骨形成不全症，ペルテス病，脊柱側弯症）
> ・てんかん
> ・重症心身障害
> ・アレルギー疾患（アトピー性皮膚炎，食物アレルギー）
> ・肥満（症）
> ・心身症（反復性腹痛，頭痛，摂食障害，起立性低血圧症）
> ・うつ病などの精神疾患（うつ病，双極性障害，統合失調症や神経症）と発達障害など
> ・その他（色素性乾皮症 XP，ムコ多糖症，もやもや病，高次脳機能障害，脳原性疾患など）

近年は病気入院の期間が短期化しており，入院中に教育を受ける児童生徒も減少している。しかし，小児がんのように長期の入院治療を必要とする疾患もある。精神疾患の児童生徒も増加しており，治療のため入院や通院を必要とし，病弱特別支援学校や病弱・身体虚弱特別支援学級に在籍するものも増加している。また，人工呼吸などの医療機器が小型化し，携帯可能になっていることや社会や家庭の環境整備により在宅医療が進んでいる。対象となる児童生徒の病気が様々で多面的な指導が求められることや，学校だけでなく家庭・医療・福祉・保健などの関係諸機関が連携して取り組むことが大切である。

4 病弱教育の場

　学びの場としては小・中学校の通常の学級や高等学校に加え，図７−１−１のように，病弱特別支援学校，病弱・身体虚弱特別支援学級，通級による指導（病弱・身体虚弱）が用意されている[1]。これらの就学先や学ぶ場を決定するに当たっては，障害の程度や病気の状態だけでなく，日々大きく変動する病状の変化や治療の見通し，関係する医療諸機関の施設・設備状況，教育との連携状況，教育上必要な支援の内容，地域における教育体制の状況その他の事情を勘案して判断することが必要となる。

(1) 病弱特別支援学校の対象者と設置場所

　病弱特別支援学校の対象者は，学校教育法施行令第22条の３，いわゆる就学基準において次のように定められている。

1　慢性の呼吸器疾患，腎臓疾患及び神経疾患，悪性新生物その他の疾患の状態が継続して医療又は生活規制を必要とする程度のもの：病弱者
2　身体虚弱の状態が継続して生活規制を必要とする程度のもの：身体虚弱者

　学校の多くは，病院や治療関連施設に隣接又は併設されている。学校によっては病院内に教室となる場所や職員室などを確保して，特別支援学校の本

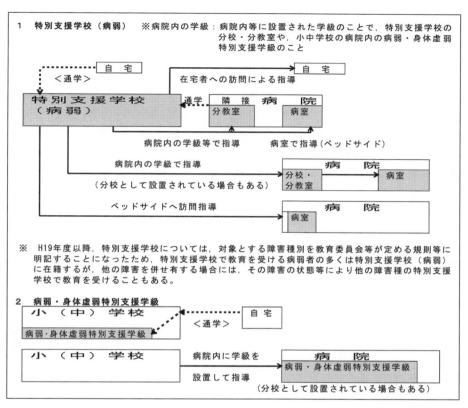

図7－1－1　病弱教育の場（文部科学省，2013）

校，分校又は分教室として設置されているほか，病院や治療施設から離れた場所に本校を置いているなど，その設置場所は様々である。

(2)　病弱・身体虚弱特別支援学級の対象者と設置場所

病弱・身体虚弱特別支援学級の対象者は，通知（平成25年10月4日付け25文科初第756号初等中等教育局長通知）によって次のように定められている。

　入院中の児童生徒のため院内に設けられた学級と，入院は必要としないが病弱又は身体虚弱のため特別な配慮が必要な児童生徒のために小・中学校内に設けられた学級の2種類がある。その対象者は特別支援学校対象となる障害の程度の児童生徒も含まれるが，健康面や生活面への配慮の必要性が低い児童生徒も含まれ，個別に特別な配慮を必要としている場合などが考えられる。また，特別支援学校対象となる程度の身体虚弱の児童生徒も含むが，安全面及び生活面への特別な配慮の必要度が低く，日常生活での著しい制限がないものも含まれる。

(3)　通級による指導（病弱・身体虚弱）の対象者と設置場所

　通級による指導（病弱・身体虚弱）の対象者は，通知（平成25年10月4日付け25文科初756号初等中等教育局長通知）によって次のように定められている。

　病弱又は身体虚弱の程度が，通常の学級での学習におおむね参加でき，一部特別な指導を必要とする程度のもの

　これらの児童生徒の多くは，小・中学校の通常の学級に在籍している。学校生活上は，特別な配慮をほとんど必要とせず，他の児童生徒と一緒に学習することができる。しかし，それだけでは病弱・身体虚弱の状態などに応じた学習ができないこともあるため，小・中学校にて通級による指導を受けることができる。

5　教育活動の実際 ···

(1)　病弱特別支援学校

①教育課程の法的根拠

　病弱教育対象の児童生徒は，その病気や障害の状態が多様であり，重度・重複化している。また，中学部や高等部卒業後の進路も様々で，多様なニーズに対応する教育課程の編成や，個別の指導計画に基づいて個に応じた教育内容，方法の模索，教育課程の柔軟な運用が必要になる。そのための弾力的な教育課程の取扱いについては次の学校教育法施行規則に規定されている。

> 　第130条第1項：教科の一部または全部を合わせた指導ができる
> 　第130条第2項：重複障害者の場合は，各教科等を合わせて指導できる（各教科等の内容
> 　　　　　　　　については必ずしも全部を取り扱わなくてもよい）
> 　第131条：訪問教育を行う場合，特別の教育課程によることができる

　病弱特別支援学校に就学する児童生徒において「知的障害を併せ有するもの」については知的障害特別支援学校の各教科等の目標や内容の一部若しくは全部に替えることが可能である。また，重複障害者のうち，障害の状態により特に必要がある場合には，各教科等や総合的な時間に替えて自立活動を主とした指導を行うことができる。これらは訪問教育についても同様である。この場合，「特に必要があるときは，実情に応じた授業時数を適切に定める」ものとされている。

②教育課程編成

　多様な教育課程を編成し，柔軟な運用による指導が展開されている。

> （教育課程の例）
> A　小・中学校，高等学校の各教科の各学年の目標・内容等に準じて編成・実施する教育
> 　　課程
> B　小・中学校，高等学校の各教科の各学年の目標及び内容を当該学年（学部）よりも下
> 　　学年（下学部）のものに替えて編成・実施する教育課程
> C　小・中学校，高等学校の各教科の目標及び内容に関する事項の一部を特別支援学校
> 　　（知的障害）の各教科または教科の目標及び内容の一部によって，替えて編成・実施す

③授業時間数

　小学部又は中学部の各学年における年間の総授業時数は，小学校又は中学校の各学年における総授業時間数に準ずるものとされている[5]。この場合，各教科等の目標及び内容を考慮し，それぞれの年間の授業時数を適切に定めるものとなる。自立活動の授業時間数は，児童又は生徒の障害の状態や特性及び発達の段階などに応じて，適切に定めるものとし，児童生徒の状態及びその負担過重について十分考慮し，各教科等の授業時間数を適切に定めることとしている。また，授業の１単位時間も小学校及び中学校に準じて行う。その運用については児童生徒の実態に応じて短時間や長時間の授業時間を設定することも可能である。

④主たる教育活動

●各教科の指導

　病弱特別支援学校の小学部及び中学部の各教科の目標，各学年の目標及び内容ならびに指導計画の作成と内容の取扱いは，小学校学習指導要領第２章[2]及び中学校学習指導要領第２章[3]に示されているものに準ずることとされている[6]。次のように，児童生徒の病気や障害の状態や特性及び心身の発達の段階などを十分考慮し，学習指導上の配慮事項を踏まえた上で，適切に指導する必要があるとされている。

・指導内容の精選等（第２章第１節１款の４の(1)）
　　個々の児童生徒の学習状況や病気の状態，授業時数の制約等に応じて，指導内容を適切に精選し，基礎的・基本的な事項に重点を置くとともに，指導内容の連続性に配慮して工夫を行ったり，各教科相互の関連を図ったりして，効果的な学習活動ができるようにすること。
・自立活動の時間における指導との関連（第２章第１節１款の４の(2)）
　　健康状態の維持や管理，改善に関する内容の指導に当たっては，自己理解を深めなが

　ら学びに向かう力を高めるために，自立活動における指導との密接な関連を保ち，学習
　効果を一層高めるようにすること。
・体験的な指導方法の工夫（第2章第1節1款の4の(3)）
　　体験的な活動を伴う内容の指導に当たっては，児童生徒の病気の状態や学習環境に応
　じて，間接体験や疑似体験，仮想体験等を取り入れるなど，指導方法を工夫し，効果的
　な学習活動が展開できるようにすること。
・補助具や補助手段，コンピュータ等の活用（第2章第1節1款の4の(4)）
　　児童生徒の身体活動の制限や認知の特性，学習環境等に応じて，教材・教具や入力支
　援機器等の補助用具を工夫するとともに，コンピュータ等の情報機器などを有効に活用
　し，指導の効果を高めるようにすること。
・負担過重とならない学習活動（第2章第1節1款の4の(5)）
　　児童生徒の病気の状態等を考慮し，学習活動が負担過重となる又は必要以上に制限す
　ることがないようにすること。
・病状の変化に応じた指導上の配慮（第2章第12節1款の4の(6)）
　　病気のため，姿勢の保持や長時間の学習活動が困難な児童生徒については，姿勢の変
　換や適切な休養の確保などに留意すること。

●自立活動の指導

　病弱教育における自立活動は，入退院を繰り返し，長期にわたって服薬や
食事や運動などの生活上の制約を受けやすい病弱児が自己の病気を理解し，
自己管理しながら生活していく力を付けることが重要となる[6]。それらの力
を自立活動の指導を中心として育成していく必要がある。そうしたなかでも，
健康の保持，心身的な安定に関わって，「慢性疾患のある児童生徒に必要と
考えられる主な具体的指導内容」[7]が次のように整理されている。

　①　健康の保持
　（病気の理解や生活リズムの理解，生活習慣の形成等に関する内容）
　○自己の病気の状態の理解
　　・人体の構造と機能の知識・理解
　　・病状や治療法等に関する知識・理解
　　・感染防止や健康管理に関する知識・理解
　○健康状態の維持・改善に必要な生活様式や生活リズムの理解
　　・安静・静養，栄養・食事制限，運動量の制限等に関する知識・理解
　○健康状態の維持・改善に必要な生活習慣の確立

　　　　・食事，安静，運動，清潔，服薬等の生活習慣の形成及び定着化
　　○諸活動による健康状態の維持・改善
　　　　・各種の身体活動による健康状態の維持・改善
②　心理的な安定
　（心理的な安定に関する内容）
　　○病気の状態や入院等の環境に基づく情緒の安定に関すること
　　　　・カウンセリング的活動や各種の心理療法的活動等による不安の軽減，人との関係性
　　　　　を重視した各種の教育的活動（体育的活動，音楽的活動，造形的活動，創作的活動
　　　　　等）による情緒安定の改善
　　○状況の理解と変化への対応に関すること
　　　　・安心して活動できる集団構成や活動の工夫，場所や場面による不安の軽減等
　　○障害による学習上の困難を改善・克服する意欲に関すること
　　　　・各種の身体活動による意欲・積極性・忍耐力及び集中力の向上，各種造形的活動や
　　　　　持続的作業等による成就感の体得と自信の獲得など病気の状態を克服する意欲の向
　　　　　上等

(2)　病弱・身体虚弱特別支援学級

①病院内に設けられている病弱・身体虚弱特別支援学級

　病院内に設けられた学級には小・中学校の病弱・身体虚弱特別支援学級と病弱特別支援学校の分校や分教室などがある。病状に応じて院内に設けられた教室に登校し，それぞれの学習状況に応じて学ぶ。教室への登校が困難であれば，ベッドサイドでの学習を進めたり，テレビ会議システムを活用したりして院内学級以外との交流学習を進めている。

②小・中学校内に設けられている病弱・身体虚弱特別支援学級

　通常の学級とほぼ同様の授業内容，授業時数による指導が行われている。それに加え，自立活動として健康の維持・回復・改善や体力の回復・向上を育むための指導も行われている。

(3)　通級による指導（病弱・身体虚弱）

　小・中学校の通常の学級や高等学校に在籍する児童生徒が病気や障害の状態に応じて，必要な時間だけ学級の児童生徒から離れた別教室や別の学校な

どで，障害による学習上または生活上の困難を改善・克服するための必要な専門的な指導が行われる。

(4) 通常の学級

　病弱・身体虚弱の児童生徒の多くは，小・中学校の通常の学級で学習していることが多い。病弱・身体虚弱の状態や学習環境の整備状況などによっては，継続的な治療や特別な配慮が必要な場合でも通常の学級で留意して指導することが適当な場合がある。その際，教室の座席配置，休憩時間の取り方，体育などの実技における配慮などの指導上の工夫や，体調や服薬の自己感管理を徹底する必要がある。なお，近年，医学や医療の進歩により，治療のための入院を短くするとともに，病気によっては入院しての治療や長期間の生活規制を行う必要がなくなってきている。しかし，病気によっては，退院後も引き続き通院や感染予防などが必要なことがあるため，退院後すぐに入院前にいた小・中学校に通学することが難しい場合がある。そのため，入院中だけでなく退院後も病気に対する十分な配慮が必要であり，そのような児童生徒が特別な教育的支援を必要とする場合には，各学校において病弱教育の対象として対応することが求められる。

6　教育活動における重点 ⋯⋯⋯⋯⋯⋯⋯⋯⋯⋯⋯⋯⋯⋯⋯⋯⋯⋯⋯

(1) 保護者・医療機関などとの連携を基盤とした教育活動

　慢性疾患などのある児童生徒は長期にわたる入院や通院による治療が必要となる。そのため，教師は児童生徒の病気や治療，生活の制限，家族への対応などについて医療関係者との連携が不可欠である。学校生活において可能運動や学校行事への参加などについての主治医の判断を記載する"学校生活管理表（心疾患・腎疾患・アレルギー疾患）"などの活用が不可欠となる。また，医療関係者の指導・助言や保護者からの情報を得るなどして児童生徒一人一人のニーズに応じた教育活動を展開していかなければならない。さらに，福祉機関との連携も必要に応じて行っていくようにする。

(2)　主体的で意欲的な教育活動

　病弱の児童生徒が主体的で意欲的な活動ができる環境を整え，活動内容を用意することが大切である。児童生徒の病気や障害の状態，発達や経験の程度，興味・関心，学習や生活などの状況について，保護者からの聞き取り，前籍校からの引継ぎ，医療機関との連携などから広く情報収集し，多面的に実態を把握し，実態に基づき，長期的及び短期的な観点から指導の目標を設定する。自立活動の指導内容は必要となる項目を選定し，相互に関連づけるように選定する。指導においては，児童生徒の興味・関心を大切にし，自己選択・自己決定でき意欲的に取り組めるように工夫する。また，日々変化する病状などを考慮して，状況に応じた指導の工夫が大切である。さらに，学校の教育活動全体を視野に入れ，他領域や各教科等と関連させながら計画的・組織的に効果的な指導が行われるようにする。例えば，「病気の理解」に関する学習では理科の「人体」などとの関連を図りながら指導していく。その際，医療関係者や保護者との連携が不可欠となる。児童生徒が目標を自覚して，主体的で意欲的に活動できる効果的な指導が行われるようにする。

(3)　ICT 機器を活用した教育活動

　病弱の児童生徒の学習においては，入院や治療，体調不良などのため学習時間の制約や学習できない期間，いわゆる，学習の空白などが生じることになりがちである。そのため，学習の空白を補うための一つの手段として，病室でも使用しやすいデジタル教科書やオンライン教材の活用などが有効となる。また，限られた学習時間で効率的な指導を行うために，教育内容を適切に精選するとともに，理科における実験のシミュレーションや社会科における調べ学習など，多様な内容を包含した指導を行う必要がある。また，同年代の児童生徒や親元から離れて入院生活を送る病弱の児童生徒にとっては，家庭や前籍校などとの交流は重要であるため，時間や空間に制限されないネットワークは，その特性から児童生徒が自らの生活を豊かにしていく上で有用な方法であり，病気による運動や生活の規制がある児童生徒の学習環境を

大きく変える可能性がある。これらは，学習上の効果を高めるだけでなく，意欲や心理的な安定など，心理的な面においても効果があると考えられる。

⑷　自立と社会参加に向けた教育活動の充実

　病弱児が社会自立・参加するためには自己の病気の理解と自己管理する力，病とともに生きる力を身に付けることが大切となる。そして，教育活動においては，自己選択・自己決定を大切にし，自己効力感の向上やストレスに適切な対処ができる力を育成することが大切となる。病気治療後も身近な人や医療，福祉などの関係諸機関の支援を受けながら社会生活を送ることも考えられ，キャリア教育の視点に立った教育活動を展開することが求められる。また，大災害や感染症などの予期せぬ危機にさらされたり，気候変動の影響も受けたりしやすく，自己の病気に加えて通常以上にリスク管理には注意を払う必要があり，教師は病弱の児童生徒を取り巻く環境の変化にも気を配りながら教育活動に当たることが求められる。

【文献】
1 ）文部科学省（2013）：教育支援資料.
2 ）文部科学省（2017）：小学校学習指導要領.
3 ）文部科学省（2017）：中学校学習指導要領.
4 ）文部科学省（2018）：特別支援学校教育要領　学習指導要領解説・総則編（幼稚部・小学部・中学部）.
5 ）文部科学省（2018）：特別支援学校学習指導要領解説　各教科等編（小学部・中学部）.
6 ）文部科学省（2018）：特別支援学校教育要領・学習指導要領解説　自立活動編（幼稚部・小学部・中学部）.
7 ）武田鉄郎（2019）：自立活動の指導. 日本療育学会編著，標準「病弱児の教育」テキスト. ジアース教育新社，pp.99-108.

2 心理・生理

1 入院中・退院後の心身の状態に応じた支援 ......

　成長発達の途上である子ども時代に長期間の治療管理を必要とする病気に
かかることは，病弱者の心理・生理に多大な影響をもたらす。病弱者の身体
面・心理面の状態は病気の種類やその重症度によって異なり，そして揺れ動
く病状によっても大きく変化する。病状が悪化した際には入院治療を余儀な
くされることも少なくないが，近年では医療の進歩によって入院期間は短縮
化傾向にあり，退院後は地域で生活する病弱者が増加している。病弱教育の
特徴の一つは，病状や治療場所が変わることに伴って教育の場所が変化する
ことである。すなわち，病弱者を対象とする教育では，"入院中の病院の中
の学校" と "退院後の地域の小・中学校等" との両方の学校が大きな役割を
担っており，両者が連携しながら子どもを支えていくことが求められている。
本節では，病弱者の心身の状態を理解したうえでの支援の重要性と，入院中
から退院後の学校生活を視野に入れた支援を行うことの重要性を示しながら，
病院内の学校の教師と小・中学校等の教師に求められる役割について述べる。

2 復学後の学校生活を視野に入れた支援 ......

(1) 入院中の児童生徒と前籍校とのつながり

　一般に入院当初の児童生徒や保護者の気持ちは，病気や治療に向いている
ことが多いが，心身の状態が落ち着くと少しずつ学校教育のことが気になり
始める。入院中に病院内の学校で学ぶことになった病弱の児童生徒は，原則
として入院する前の学校（以下，前籍校）から病院内の学校への転籍が必要
となる。病院内の学校で小学生や中学生などとして教師や仲間と学んだり遊
んだりする時間は，非日常的な体験が多い入院生活の中で QOL（Quality
of Life：生活の質）の維持向上に大きな役割を果たしている。一方で入院
中の児童生徒は "離れていても自分の居場所は入院する前の学校" のように

前籍校への所属意識をもち続けていることも多い。前籍校から届けられる手紙，寄せ書き，ビデオレターなどは，クラスメートや担任教師との関係が維持されているという実感につながりやすく，病弱の児童生徒の心理的安定をもたらしたり，退院や復学への意欲を高めたりしやすい。また，病院内の学校の教師は，入院中の児童生徒の様子を前籍校に伝えるだけでなく，前籍校の授業進度やそこで使用されているプリントやテストなどの情報を得るなどして，相互の情報を共有することが重要である。その前籍校と病院内の学校とが連携している事実について児童生徒と話をする機会の中で，復学後の学習や友達関係に関する不安などを把握し軽減しておくことも重要である。

　ただし，入院中の児童生徒やその保護者が常に前籍校に対してポジティブな思いを抱いているわけではない点に留意が必要である。児童生徒や保護者の同意を得ながら前籍校と病院内の学校とが連携し，入院中の児童生徒や家族の心身の状態に即した前籍校とのつながりが維持されることが望まれる。

(2)　病状を安定させるためのセルフケアと環境調整
①病気の理解とセルフケアが行えるための支援
　病弱の児童生徒は，退院後も継続した治療管理が求められることが多い。そのため，入院中から病院内の学校でも関係者や保護者との話し合いを行ったうえで，児童生徒が自分の病気や必要な治療管理について理解し，セルフケアを行える力を育てることが重要である。児童生徒の発達段階に応じて，体の中や病気の仕組みをイラストや図表を用いたり，具体的な数値で視覚的にわかりやすい説明を行い，児童生徒が病気や必要な治療管理を自身のことに引き付けて考えられるような工夫が重要である。

　また，体調の異変に早い段階で気付きそれを周囲に伝えたり，無理をせず援助を求めたりすることのできる力も，入院中・退院後を問わず重要なことである。ただし，病状が急速に悪化したときや活動に夢中になっているとき，あるいは年齢が低い場合などは，本人が体調の異変に気付けなかったり，自覚症状を他者に伝えることが難しかったりすることがある。教師は事前に医

療者などから体調悪化が疑われる徴候について把握しておき，早期に気付いて声をかけたり，病院内では医療者に，退院後では養護教諭に連絡をしたりするなどの対応が求められる。このようなコミュニケーションによって，児童生徒からも体調が悪いときや学習環境や内容が心身の負担になっている際に，教師に遠慮することなくそれらが伝えられ，必要な対応がなされやすい雰囲気が生まれることが期待される。

②心身に負担が生じにくい学習環境の整備

　病気の症状や治療・検査に伴う痛みや吐き気，睡眠不足，倦怠感などは，授業中の注意力の低下や，教室での対人トラブルや学習に対するモチベーションの低下にもつながりやすい。体調が悪いときや侵襲性の高い治療内容の合間に病院内の学校に通っている場合は，それまでには負担となりにくかった学習活動であっても，心身への過重な負担になっている可能性があり，教師はそれぞれの児童生徒が受けている治療内容や体調について把握しておくことが重要である。また，室温，体に合った椅子の高さ・柔らかさ，照明の明るさなどの教室環境が適切でないことによって，児童生徒の心身に負担が生じ，集中力が低下したり，パフォーマンスが十分に発揮されない場合もある。教師は児童生徒の教室環境に目を配っておき，教室で過ごす時間や空間が，身体面や心理面に好ましくない影響を与えていないか留意しておく必要がある。

(3)　長期的な展望の中でのキャリア教育

　医療の進歩によって，多くの病弱の児童生徒が病気を管理しながら成人に達することが増えている。そのため，現代の病弱教育においては，入院中から将来の社会参加や自立を見据えた進路指導や，キャリア教育が求められている。病院の中の学校では，入院中から児童生徒の将来展望について話をし，「どのような人生を歩みたいのか？」「何ができるのか，何ができないのか？」「将来の目標のために何をしておく必要があるのか？」などについて，児童生徒自身が主体的に考えられるような関わりが重要となる。

　ただし，入院治療が必要になった児童生徒は，「病気になって好きだった
ことができなくなった」という喪失体験を繰り返すうちに，「将来の夢を諦
めることになるかもしれない」などの将来像に対するイメージも崩れやすい。
また，「病気は治るのだろうか？」「入院しているのに将来のことなんて考え
られない」など，病気や治療に対する将来への明るい見通しをもつことが難
しい者もいる。そのような児童生徒に対しては，「将来の生活を充実させる
ために，今の生活の中で頑張ったり我慢したりする」という視点での関わり
に加えて，「教室の中で病気のことを忘れられる時間を提供したり，将来に
つながる今の瞬間を充実させる活動の中で，一緒に希望や目標を探してい
く」という視点も重要となる。

　児童生徒から将来像に対するネガティブな思いが表出されたとき，それを
教師が否定することなく受け止めようとすることが重要である。その姿勢に
よって，ネガティブな気持ちをもつことも自然なことであり，気持ちを受け
止めてくれる存在がいることの気付きにつながり，心理的な安定につながり
やすい。ただし，将来像についての大きな誤りや偏った認識がある場合は，
医療者などと連携したうえで適切な情報を提供しながら，適正な将来イメー
ジへの修正を促すことも重要である。

❸ 復学後の学校生活への再適応の支援 ……………………………………………

(1) 学習の遅れへの対応

　退院が決定した児童生徒は，前籍校に通えるようになることを喜び，期待
を膨らませると同時に，緊張や不安も抱えており，復学後も様々な身体面や
心理面への配慮が必要となる。復学直前には，病院内の学校の教師，前籍校
の教師，保護者，医療者などが集まって復学後の学校生活について話し合い
をする機会が設定されることが望ましい。復学後の学校生活の適応に影響を
与える要因の一つは，授業についていけるかどうかである。病院の中の学校
では，復学後の授業を視野に入れながら学習を進めることが重要であり，ま
た前籍校に対して，病院内の学校で学習した内容が伝えられたり，どのよう

な活動が心身の負担になる可能性があるのかなどについての情報が提供されたりしておくことが望まれる。

　復学後には学習の遅れが認められることは珍しくなく，その主な理由としては，入院中の学習の空白や，退院後の定期的な外来通院によって授業時数が制限されていること，あるいは体力の低下によって学習へのモチベーションが低下していることがあげられてきた。しかし，近年ではそのような精神論や物理的な授業時数の不足だけではなく，治療による認知機能への遅発性の影響の可能性が指摘されるようになっている[2]。復学後の学習面のサポートを含めて特に手厚い指導や支援が必要な場合については，小・中学校の通常の学級での指導だけでなく，病弱特別支援学校での指導，病弱・身体虚弱特別支援学級での指導，通級による指導（病弱・身体虚弱）を受けることができ[1]，病弱の児童生徒の学ぶ場所については，心身の状態や学習の遅れの背景などの様々な事情を勘案した判断を行いながら長期的なフォローアップが求められる。

(2)　退院後のセルフケアを継続するための支援

　復学後，病弱の児童生徒は健康な児童生徒とともに学校生活をおくる中で，運動制限や食事制限などの様々な生活規制が継続して求められる。児童生徒にとっては生活規制そのものも心理的負担となりやすいが，それ以上に「自分だけができないことがある」感覚によって否定的な自己認知が形成されることがある。また，年齢が高くなるにつれて，病気の管理よりも仲間関係が優先されやすく自立に向かう心理特性から，それまでの適切なセルフケアが行われず，病状悪化のリスクが高くなっている場合もある。

　病気は外見からはわかりにくいことも多いため，懸念される問題があれば，クラスメートに対して病気や必要な管理について説明し，周囲からの理解やサポートが得られることで心身の負担が少なくなりやすい。ただし，事前に病弱の児童生徒本人や保護者との十分な協議を行い，何をどこまで話すのか病弱の児童生徒本人の同意を得ておくことが極めて重要である。

　一般に，病弱の児童生徒は治療管理を守ることを「我慢する」という言葉で表現する。必要な治療管理を行うことを，周囲が「当たり前」と認識している場合，その我慢は見逃されやすく，病弱の児童生徒は我慢が理解されないことに無力感を感じていることも多い。病弱の児童生徒にとって，「我慢を理解してくれている」と感じられる教師の言葉かけや態度は，セルフケアを継続するモチベーションを高めやすくなる。

④ 病気の意味付けを変化させる学校教育

　病気が慢性的な経過をたどる中で，病気の再発を繰り返したり，入退院に伴う教育の場所の変化を頻回に経験したりする病弱の児童生徒も少なくない。そのような病気の管理をしながら様々なライフイベントを経験する中で，「最初は嫌だったけど，振り返ってみると病気によって自分は成長できた」「自分は多くの人に支えられていることに気付いた」「この経験を誰かのために活かしたい」のように，病気になった意味付けを肯定的なものへと変化させる病弱者も多い。厳しい状況が過ぎ去った後に病弱の児童生徒の心が成熟していることを願ううえで，学校教育や病弱教育の果たす役割は大きい。

【文献】
1）丹羽登（2019）：病弱教育の制度．日本育療学会編著，山本昌邦・島治伸・滝川国芳編集，標準「病弱児の教育」テキスト．ジアース教育新社，pp.25-35.
2）佐藤聡美・瀧本哲也（2013）：小児 ALL の治療による脳機能への影響と教育的支援．小児看護．36, 947-952.

3 病理

■ 子どもにとっての病気 ···

　子どもが病気であるということは，多くの場合，親が気付き子どもに伝えられる。子どもの年齢や発達状況などによって病気への理解の程度は異なり，入院や治療が必要となった場合には，主に子どもの親が決定する。そして，子どもが病気になるということは，子どもだけの問題にとどまらず，親にとっても深刻な事態となる。子どもが病気になって，一番つらいのは"苦痛"である。日常的な身体的苦痛や痛みなどを軽減する工夫が必要である。子どものストレスや対処行動をよく観察し，子どもの理解度に合わせて病気や治療に関する説明を十分に行い，治療に協力できたことを称賛し，見守る姿勢で声かけや遊びや学習を支援する。子どもは退院しても，外来通院で学校などを休むことがある。ある子どもは，外来受診で学校を1日休んだら，次の日にクラスメートが工作で作った作品が並べられていた。自分の作品がないことが寂しかったということであった。

■ 慢性疾患 ···

　一般に治癒を期待することが難しく，病気の経過は長期に及び，見通しを立てることが困難な病気をいう。疾患がよくも悪くもならず，症状が安定した状態で持続，すなわち，慢性状態となる。医療技術の向上に伴って，子どもの生命の危機は防ぎやすくなった。しかしそれと同時に，療養期間が長期化し，子どもの心身への負担が増加することが課題ともなっている。子どもの難病としては，主に悪性新生物，慢性腎疾患など，小児慢性特定疾病として厚労省で指定されている病気で，原因がわからず根本的な治療法がない，後遺症を残すおそれが高い，経済的，人的，精神的負担が高いものをいう。

　希少難病とされる病気は5,000疾患以上とされ，その75%が子どもの病気とされている。診断がつかない病気の子どもは，わが国で毎年1万人以上産

まれているとされている。こうした子どもたちに関わる人々は，わからないからと関心を向けないのではなく，現状の生活上の問題点を明らかにして，QOL を上げる工夫をすることがとても大切である。慢性疾患のある子どもへの健康管理と支援の原則として，子ども自身が将来的に健康管理をできるようにすることが最も重要な点となる。教育を通じて発達段階に応じた支援をするとよい。生活年齢に応じた社会生活を送ることができるように，セルフケアの知識・技術などを家族とともに習得できるよう工夫し，自立できるように長期にわたっての支援が必須となる。

❸ 子どもの主な難病

(1) 小児がん（悪性新生物）

　小児がんの日本の発生数は2,100人と推定され，白血病が１/３，脳腫瘍が１/７を占める。造血器腫瘍のうち白血病は急性と慢性に分けられ，子どもは急性リンパ性白血病（ALL）が70〜75%を占める[1]。骨髄中にリンパ球性の白血病細胞（芽球：がん細胞）が永遠的に増殖し，正常血液細胞が産生できなくなる。

　治療は多剤併用化学療法で，寛解導入療法，早期強化療法，中枢神経白血病予防療法，維持療法といくつものクールで治療が展開される。化学療法で細胞の増殖を阻止するため，子どもは強い副作用を経験する。白血病そのものの病状のつらさと副作用による強い食欲不振，嘔吐・下痢などで子どもの体力は低下する。化学療法中に風邪をひいたり，骨折したりすると治療が中止される。治療が中止されるということは，病気を治せないということになるため，子どもには厳重な感染予防や事故予防が必要である。

(2) 小児脳腫瘍

　脳腫瘍は白血病の次に子どもに多く，星細胞腫，髄芽腫，頭蓋咽頭腫などが多い。症状としては腫瘍が発生した部位の脳機能低下による局所神経症状，頭蓋骨に囲まれた脳を腫瘍が圧迫し脳全体の機能低下に至る頭蓋内圧亢進症

状がみられる。

　治療としては，脳外科的摘出手術，多剤併用化学療法，放射線療法による集学的治療が行われる。そのため，子どもは化学療法の副作用のみでなく，手術による機能障害などといった後遺症，放射線療法による晩期合併症を経験することが少なくない。この晩期合併症とは，がんそのものからの影響や，化学療法や放射線療法などの影響によって生じる合併症で，子どもに特有の現象である。合併症として，成長発達・生殖機能・臓器機能への影響，二次がんがある。最近では，将来妊娠の可能性が消失しないように妊孕性温存などが注目されている。小児脳腫瘍の50％は治癒するようになったが，治療後は多くの障害を背負いながら成長していくことになる。腫瘍によって高次脳機能（学習や記憶，言語活動のように，情報の蓄積とその分析，統御に基づいた行動に関与する大脳の機能）の障害が異なることを周囲の人々は理解した上での適切な支援を行うことが重要である。

(3)　呼吸器疾患

　気管支喘息は発作性に起こる気道狭窄によって喘鳴や咳嗽などの呼吸困難を繰り返す病気である。喘息児の90％以上にチリダニがアレルゲン（アレルギーの原因となる物質）となり，悪化すると窒息状態となる。発作時には気管支拡張効果に優れた即効性のある$\beta 2$刺激薬吸入を行う。中発作・大発作ではアミノフィリン点滴静注，ステロイド薬の全身投与を行う。アレルギーを回避するためにアレルゲンをできるだけ除去するよう環境を整え，たばこの煙などの化学物質は発作を誘発するため排除する。肺炎は発熱・咳嗽・呼吸困難を主症状とし，肺炎になると肺胞腔への空気が十分に入らず，肺胞低換気をきたす。重症心身障害で寝たきりで生活する子どもは，上気道感染から肺炎に移行することが多く，適切な日常的ケアが大切である。細菌性肺炎，ウイルス性肺炎，マイコプラズマ肺炎などがあり，ウイルス性肺炎は細菌性に比べて軽症に経過する。輸液療法・酸素療法を行う。

(4)　心臓病

　子どもの心臓病として最も多いものが心室中隔欠損である。心室中隔に欠損があり，左心房から右心房に血液が左右短絡となる先天性心疾患である。カテーテルによる閉鎖術か外科的閉鎖術が行われる。そして，ファロー四徴症は，チアノーゼ（外見上皮膚が紫色になる病態で，毛細血管中の脱酸素化ヘモグロビンが増多）を呈する先天性心疾患である。①肺動脈狭窄，②大動脈騎乗，③心室中隔欠損，④右室肥大の四徴を呈す。運動や興奮などで無酸素発作が起きるとチアノーゼが強くなり，呼吸困難，意識消失などがみられる。

　心臓病のある子どもへの健康管理とその支援として，手術が必要な場合は，小学校に入学するまでに何回も手術を受けていることが多い。血液が固まらないように抗凝固薬を服用している場合も多く，怪我，特に頭部の怪我をしないように気を付ける。体力や抵抗力を身に付けるためにもバランスよく栄養をとること，確実に服薬すること，風邪を予防することが大切である。

(5)　腎臓病

　子どもの代表的な腎臓病として糸球体腎炎がある。腎臓の働きには体内の水分量や電解質の調節，老廃物の排泄，内分泌機能，代謝機能などがあり，その腎臓に何らかの原因で炎症を起こした状態である。紫斑病性腎炎（ヘノッホ・シェーライン紫斑病）は幼児から学童に好発する病巣感染（副鼻腔炎や扁桃炎など）を誘因として起こる IgA 免疫複合体を原因とする全身の血管炎で，紫斑，腹痛・血便，関節痛が三主徴である。また，ネフローゼ症候群は尿たんぱくが大量に出ることで，引き続いて起こる様々な症状を呈する状態である。血液中のたんぱく質が減少し，尿量が減少，体内に水分が蓄積されることで浮腫をきたし，血液量が減ることで腹痛・下痢といった消化器症状もみられる。腎機能が低下すると高血圧や心不全などを引き起こすことになる。小児ネフローゼの90％が突発性ネフローゼ症候群で，ステロイド療法や塩分を制限した食事療法が行われる。

そして，慢性腎不全がある。慢性腎臓病（CKD）のうち，末期腎不全に
なると，自分の腎臓では自分の体の状態を一定の正常状態に保てなくなるた
め，透析療法が行われる。子どもの場合は，一般的な血液透析は子どもの体
に大きな負担となるため，腹膜を使った透析（腹膜透析）が行われる。寝て
いる間に自動腹膜透析器を使用することもでき，家庭で行うことができる。
しかし，腹膜炎を起こしやすいこと，家族への負担が大きいこと，腹膜を長
く使用することができないことから，いずれは血液透析か腎移植を行うこと
になる。腎臓病のある子どもへの健康管理とその支援として，ネフローゼ症
候群は60～80％が再発するが，その誘因として感染や怠薬などが多い。加え
て，治療が長期にわたるため，生活が制限され，多くの子どもが心理的スト
レスを抱えやすくなる。また，ステロイドの内服によって免疫力も低下する
ため，感染予防はとても重要な課題となる。そのため，内服を確実に行い，
規則正しい生活を心がけることができるような周囲の人々からの生活支援が
必要がある場合が少なくない。

(6)　1型糖尿病

　自己免疫疾患として膵臓ランゲルハンス島β細胞が破壊され，インスリ
ンの絶対的不足をきたすことにより引き起こされる病態である[6]。そのため，
体内で全くインスリンを作ることができないことへの対応として，インスリ
ン補充療法が行われることとなり，ペン型注射器やポンプによるインスリン
自己注射を生涯にわたって行わなければならない。このインスリン補充療法
を行う場合に最も大切なことは低血糖の予防であり，血糖が50～60mg/dL
以下にならないように気を付けなければならない。そのため，血糖コントロ
ールとして自己血糖測定を行って，1日の変動を知り，よりよい血糖コント
ロールにつなげることも必須となる。自分で血糖値の変動を予測し，重症低
血糖を予防することができるようになるように，周囲の人々からの生活支援
が必要となる。運動中などで適切に栄養摂取ができないと，比較的速やかに
めまいや頭痛などの低血糖症状が現れる。しかし，低血糖の症状は個人差が

あるため，その子どもの症状を知っておくことが大切である。

　健康管理としては，良好な血糖コントロールには自己注射の習得と規則正しい生活を送ることが重要となる。学校場面では，水泳で低血糖を起こして溺れないように気を付ける必要がある。近年では，自動的に血糖測定を行い，必要なインスリンを注入するインスリンポンプの使用も増えている。しかし，機器の不具合が生じないようなメンテナンスが必要である。

【文献】
1）奈良間美穂他（2020）：小児臨床看護各論. 医学書院.

BASIC

第**8**章

情緒障害者・
言語障害者の教育

1 情緒障害

1 情緒障害とは

　情緒障害とは医学的な診断名ではなく，情緒の問題で適応が困難な状態にあることを包括的に指す用語である。一般的に情緒的な乱れは誰にでも生じるもので，そのほとんどが一過性であるが，それが何度も繰り返されたり極端な現れ方をしたりすると，社会的不適応をきたす。

　情緒障害は，原因や特性，指導などの違いから２つのタイプに分けられる。それらは，自閉スペクトラム症により社会的適応が困難な状態と，主に心理的な要因で社会的適応が困難である状態である。後者には，選択性かん（緘）黙，心理的情緒的理由により登校できない状態（不登校），及び多動，常同行動，チックなどが含まれる。本章では特に，後者の選択性かん黙とチックについて解説する。

2 選択性かん黙の特徴

　場面かん黙とも呼ばれ，話すことができるのに，特定な場面で声やことばを発しない状態を指す。ことばを発することができないだけでなく，動きも乏しくなる "かん動" を伴うことが多い。"かんもくネット"[4] によれば，海外では，選択性かん黙は小児期の不安障害で，自分が話す様子を人から聞かれたり見られたりすることに怖れを感じる恐怖症の一種と捉え，それに応じた治療や支援が行われていることが報告されている。注意しておきたいのは，話さないことだけに注目して，無理に話をさせようと働きかけることが，かえって子どもを委縮させる可能性があることである。話さないのではなく，話そうとしても話せない状態であることを理解し，緊張や不安，恐怖心を少しでも軽減するように関わることが重要である。

❸　チックの特徴 ･･

　チックとは体の動きや音声が，急に，不随意に出現するものである。複数
の運動チックと音声チックとの両方が１年以上続く場合を，特にトゥレット
症候群と呼ぶ。ICD－11では，チックは神経発達障害群に分類され，強迫
症（OCD），注意欠如・多動症（ADHD）などが併発することが多い。チッ
クの症状は自分ではコントロールが難しく，ストレスや疲労などで症状が出
やすくなることも知られている。チックは本人が苦しいだけでなく，周囲の
人々を驚かせたり，不快に思わせたりして集団生活に支障が出ることが多い。
本人も周囲の者もチックについて正しい知識を得て，子どもが社会生活にう
まく適応できるよう支援することが必要である。

❹　情緒障害者の教育の場 ･･･

　情緒障害のある児童生徒が特別な教育的支援を受ける場に自閉症・情緒障
害特別支援学級がある。その対象者は通知（平成25年10月４日付け25文科初
756号初等中等局長通知）によって次のようになっている。

> 　一　自閉症又はそれに類するもので，他人との意思疎通及び対人関係の形成が困難である
> 　　　程度のもの
> 　二　主として心理的な理由による選択性かん黙等があるもので，社会生活への適応が困難
> 　　　である程度のもの

　2018年５月１日現在，自閉症・情緒障害特別支援学級には，すべての特別
支援学級に在籍する児童生徒数の46.9％に当たる子どもが在籍している[5]。
自閉症・情緒障害特別支援学級の教育課程の編成は，原則として，小学校ま
たは中学校学習指導要領による。しかし，在籍する児童生徒の障害の状態か
ら，学校教育法施行規則第138条に基づき，特別の教育課程を編成できる。
特別な教育課程を編成する場合には，特別支援学校小学部・中学部学習指導
要領第７章に示す自立活動を取り入れた指導を行う。
　一方，通常の学級での学習におおむね参加できる情緒障害のある児童生徒

171

は，通級による指導（情緒障害）の対象となる。その対象者は通知（平成25年10月４日付け25文科初756号初等中等局長通知）によって次のようになっている。

> 主として心理的な要因に選択性かん黙があるもので，通常の学級での学習におおむね参加でき，一部特別な指導を必要とする程度のもの

　通級による指導では，選択性かん黙のある児童生徒の場合，心理的安定を促す個別指導が中心であるが，集団参加を促すための小集団指導も取り入れられている。小集団指導では，対人関係やコミュニケーションなど，社会的適応力の育成が指導のねらいである。自閉症・情緒障害教育を受けている児童生徒数は表８−１のとおりである[6]。

表８−１　自閉症・情緒障害教育を受けている児童生徒の数（人）

	小学校	中学校
自閉症・情緒障害特別支援学級	89,921	32,376
通級による指導（情緒障害）	13,317	2,669

＊文部科学省（2020）特別支援教育資料（平成30年度）より作成

2　言語障害

1　言語障害とは

　知的障害，ASD，聴覚障害などは，言語発達に影響を及ぼすほか，神経系の発達の障害，顔面の奇形，不良な言語環境なども言語障害の要因となる。様々な背景要因のある言語障害は，発音（構音）や声など音に関わる問題から，語彙（意味）の量やことばのつなげ方（統語），社会的なことばの使い方（語用）に関する問題まで状態も様々である。しかし，言語障害はすべて，話し手と聞き手との間での，言語を介したコミュニケーションの障害と定義することができる。つまり，言語がどの程度コミュニケーションに支障をき

たすのかの視点で，言語障害を捉えることが重要である。したがって，本人
の話し方だけでなく，聴き手の態度や環境，本人の話そうとする意欲などに
も配慮して支援する必要がある。言語障害の中には練習やトレーニングで治
らないものが多く，障害の受容は言語障害への対応に大きく関与する。本節
では，通級による指導（言語障害），すなわち，言語障害通級指導教室で対
応することが多い，構音障害，吃音とその他の流暢性障害について解説する。

❷ 構音障害の特徴

　構音障害とは発音に異常や誤りがある状態である。構音障害は大きく分け
て，発声発語器官の形態に問題がある器質性構音障害，発声発語器官の形態
には問題が認められない機能性構音障害，中枢神経系の障害によって生じる
運動障害性構音障害がある。器質性構音障害の原因となる代表的な疾患は口
蓋裂で，運動障害性構音障害は脳性麻痺である。機能性構音障害の原因はわ
かっていない。機能性構音障害は発音の特徴から，構音発達の遅れと異常構
音の2つのタイプに分けられる。構音発達の遅れとは，発達的に獲得に時間
を要する音が，早期に獲得される音に置換されている状態で，幼児期の未熟
な発音が残っていると印象づけられるものである。成長とともに自然に正し
い構音が獲得されることが多い。しかし，学齢期になっても構音発達の遅れ
が見られる場合は，まわりに指摘されて二次障害を引き起こす可能性がある
ことから，構音訓練で正しい構音の習得を促すことも重要である。異常構音
の代表的なものは，母音「い」に先行する子音に歪みが生じる側音化構音で
ある。この歪みは「き」「ち」「し」で顕著に表れ，それぞれが区別できない
ほど歪むケースもある。側音化構音の改善には構音訓練が必要である。一般
に，構音障害の改善には，発声発語器官の形態を整えることが重要である。
例えば口蓋裂による構音障害の場合は，鼻咽腔閉鎖機能が重要であり，医療
機関との連携は欠かせない。

❸ 吃音とその他の流暢性障害 ⋯⋯⋯⋯⋯⋯⋯⋯⋯⋯⋯⋯⋯⋯⋯⋯⋯⋯⋯⋯⋯⋯⋯⋯⋯⋯

　吃音とは，ことばのはじめを繰り返したり引きのばしたりつまったりして滑らかに話せないことを指す。成人における吃音の有病率は１％と高く，そのほとんどが幼児期に発症（発吃）している。吃音の原因は解明されていない。したがって，吃音を根本的に治療する方法はなく，対症療法が主な指導法となる。

　吃音はことばが滑らかに話せない症状であるが，吃音児者にとってつらいことは，真似されたりからかわれたりして，ばかにされる経験をすることと，吃音のことを誰にも話せないで一人で悩みを抱えることである。したがって，園や学校などでは，本人や教師，まわりの子どもが吃音について正しい知識をもつこと，いじめやからかいが生じないように対処することが重要である。吃音のある子どもたちの多くが，笑われたりからかわれたりする経験から，吃音を恐れ，吃音のある自分を否定して苦しむことになることを理解しておく必要がある。また，気にしないでいれば治ると考えて，吃音についてふれようとしない保護者や教師は数多い。こうした対応が，結果的に子どもが一人で問題を抱え込み悩むことを理解しておくべきである。吃音をオープンにできる環境づくりは，幼少期からとても重要な支援である。学齢期になると対症療法である言語訓練が行われることもある。欧米の言語訓練には，行動療法による流暢性の獲得（流暢性促進法）や吃音をコントロールする方法（吃音修正法），両者を統合した方法（統合アプローチ）などが提案されている[1]。しかし，吃音は再発することが多く，吃音が治るのではなく吃音をコントロールして話す話し方を習得するのが目的であることを忘れてはならない。

　有効な指導法がない現在，吃音のある自分を肯定できるための支援が重要である。こうした支援の一つとして，吃音のある仲間に会うことの効果が示されている[2]。教育現場でも，言語障害通級指導教室などで，同じ悩みをもつ仲間に出会い，安心して話せる環境の中で，話すことへの自信がもてるよう，支援することが必要である。

　近年，早口症（クラタリング）の存在が指摘されている。クラタリングとは単に早口とはちがい，発話が不明瞭になったり，意味不明になったりしてコミュニケーションに支障をきたすものである[3]。クラタリングはまだ不明な点が多く，医学的な症状の治療は難しいことから，学校や集団への適応を中心とした支援が重要である。

4　言語障害者の教育の場

　言語障害のある児童生徒の支援は，言語障害特別支援学級と，通級による指導（言語障害），すなわち，言語障害通級指導教室とで行われている。表8-2は，それぞれの在籍児童生徒の数である[6]。一般的に構音障害や吃音のある児童生徒は，通級による指導を受けている。通級による指導を受ける児童生徒の増加が著しいのは，自閉症，学習障害，注意欠陥多動症の児童生徒であるが，通級による指導の制度が制定された1993年度以来，今でも，指導を受ける人数が最も多いのは言語障害の児童生徒である。

表8-2　言語障害教育を受けている児童生徒の数（人）

	小学校	中学校
言語障害特別支援学級	1,621	184
通級による指導（言語障害）	38,275	477

＊文部科学省（2020）特別支援教育資料（平成30年度）より作成

　通級による指導（言語障害）の目的は，言語機能の障害による学習上・生活上の困難を改善・克服することである[5]。児童生徒の興味・関心に即した遊びや教師との会話などを通して，児童生徒のコミュニケーション能力や言語能力を高め，児童生徒が話し手として自分に自信がもてるように支援を行っている。対象となる児童生徒の課題は様々であることから，児童生徒の言語コミュニケーション能力についての状態を十分に把握することが重要である。さらに，言語障害通級指導教室での学習を通して身に付けたことを生活の中で定着させるため，在籍学級の担任との連携も欠かすことはできない。

【文献】
1）バリー・ギター，長澤泰子監訳（2007）：吃音の基礎と臨床．学苑社．
2）廣嶌忍・堀彰人（2014）：子どもがどもっていると感じたら．大月書店．
3）イヴォンヌ ヴァンザーレン・イザベラ K レイチェル，森浩一・宮本昌子監訳（2018）：クラタリング 特徴・診断・治療の最新知見．学苑社．
4）かんもくネット（2017）：場面緘黙とは．最終閲覧2020年8月25日．http://kanmoku.org/kanmokutoha.html
5）文部科学省（2019）：障害に応じた通級による指導の手引き 改訂第3版，海文堂．
6）文部科学省（2020）：特別支援教育資料（平成30年度）．

第9章

BASIC

重度・重複障害者の教育

1 重度障害・重複障害とは

1 重複障害

　重複障害は，公立義務教育諸学校の学級編制及び教職員定数の標準に関する法律で定められている。ここで言う"文部科学大臣が定める障害"とは学校教育法施行令第22条の３，すなわち，就学基準に定められた，視覚障害・聴覚障害・知的障害・肢体不自由・病弱の５つの障害である。

> 文部科学大臣が定める障害を二以上併せ有する児童又は生徒

2 重度障害

　重度障害の"重度"には法的定義はなく，特殊教育の改善に関する調査研究会[6]が示した次の定義で語られることが多い。

> 　精神発達の遅れが著しく，ほとんど言語をもたず，自他の意思の交換及び環境への適応が著しく困難であって，日常生活において常時介護を必要とする程度の者，行動的側面からみて破壊的行動，多動傾向，異常な習慣，自傷行為，自閉症その他の問題行動が著しく，常時介護を必要とする程度の者

3 重度・重複障害

　このように重度障害，及び，重複障害はいずれも行政施策上の概念である。そのため，重度・重複障害とは，視覚障害・聴覚障害・知的障害・肢体不自由・病弱の障害が２以上重なっている重複障害ばかりでなく，発達的側面や行動的側面からみて，障害の程度が極めて重い重度障害も加えて考えられており，重複障害と重度障害の両者を含む幅広い概念であるといえよう。

2　重度・重複障害教育の現状

1　学級編成

　特別支援学校は児童生徒一人一人の実態に応じたきめ細かな指導が可能となるよう，学級編制の標準は小・中学部は6人，高等部は8人とされている。それに加えて，前項で示したように，文部科学大臣が定める障害を2つ以上併せ有する児童または生徒で学級を編制する場合にあっては3人とされている。

2　在籍状況

(1)　現状

①重複障害学級児童生徒

　障害種別重複児童生徒数及び在籍率は表9－1のように，2019年度の特別支援学校の重複障害学級の在籍者は37,816人で，在籍率は小学部37.0%，中学部32.1%，高等部17.8%，全体では26.6%となっている[4]。重複障害学級の在籍率では小，中，高等部の順に減少していることがわかる。重複障害学級在籍率を障害種別でみると，肢体不自由を対象とする学校が83.4%，視覚，肢体不自由，病弱を対象としている学校が82.5%，肢体不自由，病弱を対象とする学校が68.4%，視覚，聴覚，知的，肢体不自由を対象とする学校が57.2%，聴覚，知的，肢体不自由，病弱を対象とする学校が35.8%，知的，肢体不自由を対象とする学校が30.7%，知的，肢体不自由，病弱を対象とする学校が30.2%，視覚，聴覚，肢体不自由，知的，病弱を対象とする学校では29.8%，聴覚，知的，肢体不自由を対象とする学校が27.6%となっている[4]。このことから，特別支援学校における障害種別の重複障害学級児童生徒の在籍率は肢体不自由が他の障害種別に比べて極めて大きく，重複障害学級在籍者は肢体不自由児が中心になっていることがわかる。

表９−１　特別支援学校（学校設置基準）障害種別重複障害学級児童生徒数及び在籍率（国・公・私立計，2019年度）

障害種別	小学部		中学部		高等部		計	
	児童数	在籍率	生徒数	在籍率	生徒数	在籍率	児童生徒数	在籍率
合計	人 15,903	% 37.0	人 9,682	% 32.1	人 12,231	% 17.8	人 37,816	% 26.6
視	250	47.9	190	41.8	226	15.9	666	27.8
聴	444	25.2	224	20.3	240	16.2	908	20.9
知	5,409	24.5	3,541	21.8	4,592	10.7	13,542	16.6
肢	3,879	88.1	2,154	84.0	2,284	76.2	8,317	83.4
病	310	38.1	261	34.7	304	44.2	875	38.8
視・聴	—	—	—	—	—	—	—	—
視・知	33	17.3	20	21.1	1	7.7	54	18.1
視・肢	—	—	—	—	—	—	—	—
視・病	1	50.0	3	42.9	3	15.0	7	24.1
聴・知	56	23.6	41	20.8	50	10.4	147	16.1
聴・肢	—	—	—	—	—	—	—	—
聴・病	—	—	—	—	—	—	—	—
知・肢	3,413	41.0	1,946	34.8	2,833	22.2	8,192	30.7
知・病	196	21.4	137	21.0	218	17.0	551	19.3
肢・病	970	71.2	588	72.0	573	61.2	2,131	68.4
視・聴・知	—	—	—	—	—	—	—	—
視・聴・肢	—	—	—	—	—	—	—	—
視・聴・病	—	—	—	—	—	—	—	—
視・知・肢	18	81.8	16	80.0	18	85.7	52	82.5
視・知・病	85	39.7	44	30.8	78	19.9	207	27.6
聴・知・肢	—	—	—	—	—	—	—	—
聴・知・病	—	—	—	—	—	—	—	—
知・肢・病	505	37.2	330	33.5	542	24.4	1,377	30.2
聴・知・肢・病	49	47.6	20	35.1	33	26.4	102	35.8
視・知・肢・病	—	—	—	—	—	—	—	—
視・聴・肢・病	—	—	—	—	—	—	—	—
視・聴・知・病	—	—	—	—	—	—	—	—
視・聴・知・肢	71	73.2	34	75.6	50	38.8	155	57.2
視・聴・知・肢・病	214	40.8	133	31.1	186	22.3	533	29.8

＊学校基本統計（文部科学省）をもとに算出
＊この表は特別支援学校が学則等で受入れを明示している障害種別で分類したものである
＊在籍率は，該当する学部の重複障害学級に在籍する児童生徒の数をすべての児童生徒数で割ったものである

②医療的ケア児

　特別支援学校における医療的ケア児の在籍状況は表９－２のように，通学は小学部3,135人，中学部1,505人，高等部1,555人である。また，訪問教育は小学部1,062人，中学部533人，高等部558人である[5]。

　このことから特別支援学校在籍の医療的ケア児は通学で１学年約500人，訪問教育で１学年約170人と学部の違いにかかわらず，ほぼ同じ割合で在籍していると推定される。また，表９－３のように，医療的ケア児が受けている医療的ケアは喀痰吸引（口腔内）が5,042人，喀痰吸引（鼻腔内）が4,594人で最も多い[5]。喀痰吸引（口腔内，鼻腔内，気管カニューレ内部）は筋力の低下などにより，痰の排出が自力では困難な児童生徒に対して，吸引器によるたんの吸引を行う医療的ケアである。次に，経管栄養（胃ろう）が4,655人で次いで多い[5]。経管栄養（胃ろう）は，摂食・嚥下の機能に障害があり，口から食事を摂ることができない，または十分な量を摂れない場合などに胃までチューブを通し，流動食や栄養剤などを注入する医療的ケアである。そして，パルスオキシメーターが3,693人，喀痰吸引（気管カニューレ内部）が3,108人，気管切開部の管理が3,067人，吸入・ネブライザーが2,038人，在宅酸素療法が1,715人，経管栄養（経鼻）1,521人，人工呼吸器の管理1,502人，導尿677人，喀痰吸引（その他）560人，排痰補助装置の使用375人，経管栄養（腸ろう）128人，血糖値測定・インスリン注射114人となっている[5]。医療的ケアの項目数は20近くと多岐にわたっている。これらのことから医療的ケア児の実態は多様で個別のケアを必要としていることが推定される。文部科学省[3]によると，特別支援学校において医療的ケアを行う看護師は2006年度の707人から2017年度の1,807人に，医療的ケアを行っている教師は，2006年度の2,738人から2017年度の4,374人と増加している。11年間で重複障害児に医療的ケアを行う看護師は２倍以上，医療的ケアを担当する教員は1.5倍以上になっている。これは重複障害児の数が増える中で医療的ケアを必要とする児童生徒が増え，それに対応するために看護師，教師が増えていると考えられる。

表9－2　特別支援学校に在籍する医療的ケア児の数（2019年度）

学部	通学・訪問教育の別	国立	公立	私立	計
幼稚部	通学	0	43	1	44
	訪問教育	0	0	0	0
小学部	通学	11	3,124	0	3,135
	訪問教育	0	1,062	0	1,062
中学部	通学	1	1,503	1	1,505
	訪問教育	0	533	0	533
高等部	通学	1	1,554	0	1,555
	訪問教育	0	558	0	558
計	通学	13	6,224	2	6,239
	訪問教育	0	2,153	0	2,153
	総計	13	8,377	2	8,392

＊令和元年度学校における医療的ケアに関する実態調査（文部科学省，2020）をもとに作成

表9－3　特別支援学校における医療的ケアの実施状況（2019年度）

医療的ケア項目	通学・訪問教育の別	国立	公立	私立	計	
喀痰吸引（口腔内）	通学	3	3,507	0	3,510	5,042
	訪問教育	0	1,532	0	1,532	
喀痰吸引（鼻腔内）	通学	0	3,267	0	3,267	4,594
	訪問教育	0	1,327	0	1,327	
喀痰吸引（気管カニューレ内部）	通学	3	1,750	1	1,754	3,108
	訪問教育	0	1,354	0	1,354	
喀痰吸引（その他）	通学	0	400	0	400	560
	訪問教育	0	160	0	160	
吸入・ネブライザー	通学	0	1,287	1	1,288	2,038
	訪問教育	0	750	0	750	
在宅酸素療法	通学	1	960	0	961	1,715
	訪問教育	0	754	0	754	
パルスオキシメーター	通学	1	2,381	0	2,382	3,693
	訪問教育	0	1,311	0	1,311	
気管切開部の管理	通学	5	1,760	1	1,766	3,067
	訪問教育	0	1,301	0	1,301	
人口呼吸器の管理	通学	0	475	0	475	1,502
	訪問教育	0	1,027	0	1,027	
排痰補助装置の使用	通学	0	150	0	150	375
	訪問教育	0	225	0	225	
経管栄養（胃ろう）	通学	1	3,337	0	3,338	4,655
	訪問教育	0	1,317	0	1,317	
経管栄養（腸ろう）	通学	0	68	0	68	128
	訪問教育	0	60	0	60	
経管栄養（経鼻）	通学	0	1,002	1	1,003	1,521
	訪問教育	0	518	0	518	
経管栄養（その他）	通学	0	22	0	22	33
	訪問教育	0	11	0	11	
中心静脈栄養	通学	0	41	0	41	94
	訪問教育	0	53	0	53	
導尿	通学	7	455	1	463	677
	訪問教育	0	214	0	214	
人工肛門の管理	通学	1	52	0	53	91
	訪問教育	0	38	0	38	
血糖値測定・インスリン注射	通学	0	93	0	93	114
	訪問教育	0	21	0	21	
その他	通学	0	701	0	701	850
	訪問教育	0	149	0	149	

＊令和元年度学校における医療的ケアに関する実態調査（文部科学省，2020）をもとに作成

(2)　推移
①重複障害学級児童生徒

　特別支援学校重複障害学級在籍率は，表９－４のように2000年度は小・中学部で56.0％，高等部で23.9％である。2018年の重複障害学級の在籍率は小・中学部で42.6％，高等部では17.3％である４）。重複障害学級在籍率は2000年ごろをピークに減少しているが，在籍者の実数が減少しているわけではなく，2000年度 22,194名から2017年度 38,231人に増えている４）。これは重複障害学級在籍率としては減少しているので重複障害児童生徒数も減少しているようにみえるが，特別支援学校全体の児童生徒数，学級数の増加によって，全体の児童生徒数に占める重複障害児童生徒数の割合が減少しているだけで，実数では増加している。このように重複障害児童生徒の増加，医療的ケアの実態が多岐にわたる現状を踏まえて，学校では重複障害児の安全や安心を確保するにあたり医療面，福祉面の理解を深めながら重複障害児に対する教育の専門性を高める必要がある。

②訪問教育対象児童生徒

　訪問教育対象児童生徒数の推移（特別支援学校小・中・高等部）は，1988年度には5,144人が在籍していたが年々減少し，2018年度には2,880人となっている[11]。これは，30年間で半数近く児童生徒数が減少したことになる。この背景には1998年以降，厚生労働省と文部科学省の連携により学校看護師配置モデル事業が進められ，特別支援学校における医療的ケア実施体制の整備として進められてきたことがある。また，2004年厚労省医政局長通知「盲・聾・養護学校におけるたんの吸引等の取扱いについて」によって必要な研修を受けることなどを条件とし，特別支援学校の教師が痰の吸引や経管栄養などの医療的ケアを行うことができるようになった影響が考えられる。

表9－4　特別支援学校（学校設置基準）障害種別重複障害学級在籍率の推移（国・公・私立計）

年度	小・中学部						高等部					
	視覚障害	聴覚障害	知的障害	肢体不自由	病弱・身体虚弱	計	視覚障害	聴覚障害	知的障害	肢体不自由	病弱・身体虚弱	計
1980年度						31.0						
1985年度	26.6	12.7	34.1	53.9	33.3	36.6						
1990年度	30.9	12.7	34.0	59.9	33.0	38.3	7.2	5.3	9.0	32.3	28.8	15.6
1995年度	35.4	15.7	37.2	71.4	31.4	43.8	8.0	6.0	13.6	51.1	30.6	18.8
2000年度	41.9	17.9	37.6	75.0	32.5	45.1	7.6	7.9	17.9	60.5	45.1	23.9
2001年度	43.3	17.4	36.7	74.9	34.1	44.6	7.9	7.3	17.1	59.5	45.0	23.2
2002年度	43.8	17.9	34.9	74.4	35.9	43.4	8.3	7.2	16.5	60.8	44.5	23.0
2003年度	42.3	17.9	34.9	74.8	37.9	43.5	8.0	8.0	16.8	60.8	44.5	23.1
2004年度	44.5	18.4	34.3	75.3	38.5	43.3	7.5	8.9	16.2	59.6	41.6	22.4
2005年度	56.4	19.4	34.3	75.4	39.5	43.1	7.7	9.5	16.5	58.1	44.2	22.4
2006年度	46.0	18.8	55.9	75.3	39.3	42.8	7.9	7.9	16.3	57.9	39.5	22.0
2007年度	47.0	19.6	34.9	66.1	44.4	42.5	8.1	8.0	17.8	46.9	39.5	22.1
2008年度	48.8	26.1	34.5	64.5	44.8	41.2	15.8	18.8	17.4	43.7	37.7	22.3
2009年度	46.5	24.9	34.2	63.8	45.5	41.2	15.6	18.3	16.8	41.8	39.1	21.0
2010年度	44.3	24.7	34.2	63.8	45.5	41.1	15.4	16.9	15.9	40.3	33.9	19.9
2011年度	45.1	24.8	33.3	61.7	43.3	40.1	16.8	15.9	15.6	37.9	31.6	19.5
2012年度	41.0	25.0	31.9	59.7	43.1	39.1	16.0	15.5	15.1	36.4	31.2	19.0
2013年度	42.2	25.7	31.1	58.0	43.8	38.2	17.2	16.3	15.1	35.7	32.1	19.0
2014年度	41.9	26.1	30.6	57.2	43.6	37.7	18.1	16.8	14.6	34.6	32.3	18.5
2015年度	41.0	26.5	30.1	56.0	43.0	37.2	19.1	17.4	14.5	34.4	31.0	18.3
2016年度	41.4	27.1	29.5	55.4	43.2	36.5	18.5	16.9	14.1	33.3	31.0	17.9
2017年度	40.6	27.8	28.9	54.0	43.4	35.9	18.7	18.0	14.1	32.2	31.1	17.8
2018年度	40.8	28.8	27.8	53.5	42.3	35.0	19.9	18.5	14.0	32.3	30.6	17.8

＊実数は％
＊学校基本統計（文部科学省）をもとに算出
＊2006年度までは学校種（視覚障害＝盲学校，聴覚障害＝聾学校，知的障害＝知的障害養護学校，肢体不自由＝肢体不自由養護学校，病弱＝病弱養護学校）ごとに集計。2007年度以降は，複数の障害種を対象としている学校はそれぞれの障害種ごとに重複してカウントしている

表9－5　特別支援学校訪問教育対象児童生徒数の推移

年度	小学部	中学部	高等部	総計
1988年度	3,049	2,095	—	5,144
1989年度	2,867	1,803	—	4,670
1990年度	2,742	1,564	—	4,306
1991年度	2,587	1,446	—	4,033
1992年度	2,501	1,322	—	3,823
1993年度	2,381	1,228	—	3,609
1994年度	2,162	1,134	—	3,296
1995年度	2,021	1,104	—	3,125
1996年度	1,916	1,061		2,977
1997年度	1,815	1,069	164	3,048
1998年度	1,685	1,000	473	3,158
1999年度	1,602	965	752	3,319
2000年度	1,548	949	878	3,375
2001年度	1,494	894	895	3,283
2002年度	1,468	812	1,012	3,292
2003年度	1,447	803	1,038	3,288
2004年度	1,444	816	936	3,196
2005年度	1,442	793	934	3,169
2006年度	1,473	812	923	3,208
2007年度	1,428	739	906	3,073
2008年度	1,399	768	957	3,124
2009年度	1,416	767	942	3,125
2010年度	1,394	834	894	3,122
2011年度	1,428	826	931	3,185
2012年度	1,444	784	949	3,177
2013年度	1,443	832	940	3,215
2014年度	1,389	798	929	3,116
2015年度	1,344	784	857	2,985
2016年度	1,294	742	841	2,877
2017年度	1,240	782	806	2,828
2018年度	1,242	769	869	2,880

＊実数は人数
＊学校基本統計（文部科学省）をもとに算出

3　教育課程編成 ··

　文部科学省[1]は特別支援学校学習指導要領の「重複障害者等に関する教育課程の取扱い」にて重複障害のある児童生徒の教育課程編成の方針を示している。

> 3　視覚障害者，聴覚障害者，肢体不自由者又は病弱者である児童又は生徒に対する教育を行う特別支援学校に就学する児童又は生徒のうち，知的障害を併せ有する者については，各教科の目標及び内容に関する事項の一部又は全部を，当該各教科に相当する第2章第1節第2款若しくは第2節第2款に示す知的障害者である児童又は生徒に対する教育を行う特別支援学校の各教科の目標及び内容の一部又は全部によって，替えることが

できるものとする。また，小学部の児童については，外国語活動の目標及び内容の一部
又は全部を第4章第2款に示す知的障害者である児童に対する教育を行う特別支援学校
の外国語活動の目標及び内容の一部又は全部によって，替えることができるものとする。
したがって，この場合，小学部の児童については，外国語科及び総合的な学習の時間を，
中学部の生徒については，外国語科を設けないことができるものとする。
4　重複障害者のうち，障害の状態により特に必要がある場合には，各教科，道徳科，外
　国語活動若しくは特別活動の目標及び内容に関する事項の一部又は各教科，外国語活動
　若しくは総合的な学習の時間に替えて，自立活動を主として指導を行うことができるも
　のとする。
5　障害のため通学して教育を受けることが困難な児童又は生徒に対して，教員を派遣し
　て教育を行う場合については，上記1から4に示すところによることができるものとす
　る。
6　重複障害者，療養中の児童若しくは生徒又は障害のため通学して教育を受けることが
　困難な児童若しくは生徒に対して教員を派遣して教育を行う場合について，特に必要が
　あるときは，実情に応じた授業時数を適切に定めるものとする。

（一部は筆者により省略）

　以下，この取扱いにおいて留意すべきとされている事項[2] について示し，
その理解を深めることとする。

⑴　知的障害を併せ有する児童生徒の場合

　上記3に示されるように，学習指導要領では知的障害を併せ有する重複障
害者の教育課程について各教科の目標及び内容に関する事項の一部又は全部
を替えることができるとしている。これは，視覚障害，聴覚障害，肢体不自
由者又は病弱の教育を行う特別支援学校に，知的障害を併せ有する児童生徒
が就学している実態に対応するために弾力的に教育課程を編成する必要があ
ることを示している。また，児童生徒の学びの連続性を確保する視点から，
小・中学校とのつながりに留意し，小学校及び中学校の目標及び内容を参考
に指導することも重要とされている。

①各教科の目標，内容に関する事項の一部を替える場合

　視覚障害，聴覚障害，肢体不自由又は病弱の教育を行う特別支援学校にお
いては，学校教育法施行規則に示す各教科等をすべての児童生徒が履修する

こととなっている。しかし，視覚障害，聴覚障害，肢体不自由又は病弱の教育を行う特別支援学校に在籍する児童生徒であっても，知的障害を併せ有する者については，在籍する各教科又は各教科の目標及び内容に関する事項の一部を，当該各教科に相当する，知的障害の教育を行う特別支援学校の各教科又は各教科の目標及び内容の一部によって，替えることができるとされている。なお，当該各教科の各教科とは，原則として教科名称の同一のものであるが，視覚障害，聴覚障害，肢体不自由又は病弱の教育を行う特別支援学校小学部の「社会」「理科」「家庭」は知的障害特別支援学校の「生活」に，同じく中学部の「技術・家庭」は「職業・家庭」に相当すると考えられている。また，視覚障害，聴覚障害，肢体不自由又は病弱の教育を行う特別支援学校の中学部において知的障害を対象とする特別支援学校の小学部の「生活科」の目標及び内容を導入することができるとしている。しかし，教科の名称は変更できないことに留意しなければならない。

②各教科を替える場合

　視覚障害，聴覚障害，肢体不自由又は病弱の教育を行う特別支援学校の各教科を当該教科に相当する知的障害の教育を行う特別支援学校の各教科によって替えることができるとされている。ただし，この際，教科の名称までは変更できないことに留意しなければならない。

③小学部の外国語活動及び総合的な学習の時間，中学部の外国語科の取扱い

　視覚障害，聴覚障害，肢体不自由又は病弱の教育を行う特別支援学校において，知的障害を併せ有する者については，各教科を知的障害に対する教育を行う特別支援学校の教科に代替する場合，小学部において外国語活動及び総合的な学習の時間を設けないことができる。また，中学部においては，外国語科を設けないことができるとされている。小学校に準じて行われる外国語活動を知的障害の教育を行う特別支援学校の小学部に新設された外国語活動は，個々の児童の知的障害の状況などに応じて小学3学年から6学年を対象としている。また，国語科と関連を図りながら外国語を使う場面を見聞きすることに重点を置いて教育する必要があるとされており，その実施におい

ては留意しなければならないとされている。

⑵ 重複障害者のうち，障害の状態により特に必要がある場合

　上記４に示されるように，視覚障害，聴覚障害，肢体不自由，病弱の特別支援学校において，外国語活動が小学部第３学年及び第４学年に導入され，教科としての外国語科が第５学年，第６学年に位置づけられた。しかし，重複障害者の教育課程の編成に当たっては，各教科等と同様に外国語活動についても一部又は全部を自立活動に替えることができるとされている。障害の状態により特に必要がある場合には，各教科，道徳，外国語活動，もしくは特別活動の目標及び内容に関する事項の一部に替えて，自立活動の指導を主として指導を行うことができる。また，各教科や外国語活動の目標及び内容の全部又は総合的な学習の時間に替えて，主として自立活動の指導を行うこともできるとされている。この場合，道徳及び特別活動の目標と内容の全部を自立活動に替えることはできないとされているので，その実施においては留意しなければならない。重複障害者は，一人一人の障害の状態が極めて多様であり，発達の諸側面にも不均衡が大きいことから，心身の調和的発達の基盤を培うことをねらいとした指導が特に必要となる。したがって，こうしたねらいに即した指導は，主として自立活動において行われ，それが重複障害を併せ有する児童生徒にとって重要な意義を有することから，自立活動の指導を中心に行い，心身の調和的発達の基盤を培うことに配慮しなければならない。

⑶ 訪問教育の場合

　上記５に示されるように，訪問教育は，障害のため通学して教育を受けることが困難な児童又は生徒に対して，教師を派遣して教育を行うことである。医療的ケアが学校でできるようになったが，通学での教育を受けることが困難な児童生徒は一般的にかなり障害が重度または重複しており，登校するには距離が遠く，体力的に負担が大きかったり，多くの医療機器を必要とし，

病院や自宅から外出することも難しかったりする。その場合は，病院やその子の自宅に教師が訪問して教育を行う。内容としては，自立活動が中心であるが，知的障害がないあるいは軽度の場合は教科学習を行うこともある。訪問教育を担当する教師は，自立活動を行う専門性と併せて，幅広い教科学習ができる専門性の両方が求められる。訪問教育を受ける児童生徒のほとんどが病弱で脆弱であるため，命と向き合い「生きる」ことと向き合いながら，その子のより豊かな人生の創造をめざして支援しなければならない。

⑷　重複障害者等に係る授業時数

　上記6に示されるように，重複障害者や療養中の児童生徒の場合又は訪問教育を行う場合は，実情に応じて授業時数を定めることができるとされている。そのため，重複障害者や医療機関に入院している児童生徒の場合又は訪問教育を行う場合，各学年の総授業時数及び各教科等の年間の授業時数は，いずれも小学校又は中学校に"準ずる"のではなく，特に必要があれば各学校で適切に定めることができることとなる。また，重複障害者や医療機関に入院している児童生徒の場合又は訪問教育を行う場合，各学年の総授業時数及び各教科等の年間の授業時数は，いずれも小学校又は中学校に"準ずる"のではなく，特に必要があれば各学校で適切に定めることができることにもなる。この場合，担当教師には，児童生徒の実態を的確に把握するとともに，医療上の規制や生活上の規制なども考慮して，どのような教育課程を編成することがその児童生徒の教育活動を考えていく上において最も望ましいかについて，総合的に検討していくことが求められることとなる。

【文献】
1）文部科学省（2018）：特別支援学校小学部・中学部学習指導要領.
2）文部科学省（2018）：特別支援学校教育要領・学習指導要領解説総則編（幼稚部・小学部・中学部）.
3）文部科学省（2018）：平成29年度特別支援学校等の医療的ケアに関する調査結果について.
4）文部科学省（2020）：特別支援教育資料（平成30年度）.
5）文部科学省（2020）：令和元年度特別支援学校等の医療的ケアに関する調査結果について.
6）特殊教育の改善に関する調査研究会（1975）：重度・重複障害児に対する学校教育の在り方について（報告）.

BASIC

第10章

発達障害者の教育

1 発達障害とは

障害とは，世界保健機構（WHO）の国際生活機能分類（ICF：International Classification of Functioning, Disability and Health）から捉えられる。それは，個人がもつものではなく，環境との関わりの中に生じる人間の生活機能の制約・制限の状態をさし，それを公的に解消するための用語である。

そのうち，発達障害とは，発達期に生じる共通する課題を認識し，支援するためにいくつかの障害を総称して呼ぶ用語である[8]。発達障害者支援法においては，「自閉症，アスペルガー症候群その他の広汎性発達障害，学習障害，注意欠陥多動性障害その他これに類する脳機能の障害であってその症状が通常低年齢において発現するものとして政令で定めるもの」と定義されている。このような発達障害が法的対象とされるようになったのは，困難さが見えにくいために，二次的な問題が拡大し，不適応を起こしてからの事後的な対応がとられることが多かったからである。そこで，特別支援教育においては，表10−1のような幼児児童生徒の特性を理解し，対応することになる。

表10−1　発達障害の定義

学習障害 （LD）	・基本的には全般的な知的発達に遅れはないが，聞く，話す，読む，書く，計算する又は推論する能力のうち特定のものの習得と使用に著しい困難を示す様々な状態を指すものである。 ・学習障害は，その原因として，中枢神経系に何らかの機能障害があると推定されるが，視覚障害，聴覚障害，知的障害，情緒障害などの障害や，環境的な要因が直接の原因となるものではない。
注意欠陥・ 多動性障害 （ADHD）	・年齢あるいは発達に不釣り合いな注意力，及び／又は衝動性，多動性を特徴とする行動上の障害で，社会的な活動や学業の機能に支障をきたすものである。 ・7歳以前に現れ，その状態が継続し，中枢神経系に何らかの要因による機能不全があると推定される。
高機能自閉症	・3歳位までに現れ，他人との社会的関係の形成の困難さ，言葉の発達の遅れ，興味や関心が狭く特定のものにこだわることを特徴とする行動の障害である自閉症のうち，知的発達の遅れを伴わないものをいう。 ・中枢神経系に何らかの要因による機能不全があると推定される。

＊文部科学省HPより作成

2　発達障害のある児童生徒の教育

■1　通常の学級における特別支援教育

　文部科学省の全国調査からは，通常の学級において学習面や行動面に著しい困難を示す児童生徒が6.5%在籍していることが明らかにされており，その背景の一つに発達障害がある[5]。つまり，特別支援教育の対象は，特別支援学校や特別支援学級に在籍する児童生徒だけではない。障害の診断がなくても，通常の学級を含み，すべての教育上特別の支援を必要とする児童生徒である（学校教育法第81条）。

　そこで，通常の学級においては，発達障害のある児童生徒を含み，一人一人がわかる，できるを実感しながら，充実した時間を過ごし，生きる力を身に付けられるようにすることが最も大切な視点となる。同時に，対象の児童生徒に必要な支援を個別に計画し，合理的配慮（reasonable accommodation）として提供する必要がある。それも，個別の教育的ニーズに応じるためには，通常の学級だけでなく，通級による指導，特別支援学級，特別支援学校を連続性のある学びの場とすること，地域の教育資源の組み合わせ（スクールクラスター）により対応することが求められている[1]。

■2　児童生徒の持てる力を高める支援

　発達障害という発達や能力の偏りは見えにくく，周囲との間で悪循環が生じやすい。例えば，児童生徒が示す表面上の行動から，「できるのにしない」「勝手なことをする」と理解されたり，支援の必要性に気付かれないままに静かに困っていたりする場合もある。いずれにしても，児童生徒は"持てる力"を発揮できず，失敗経験を繰り返す。周囲も対応にとまどい，否定的対応に陥る。それは意欲や自尊心の低下につながり，二次的問題が拡大する。

　そこで，児童生徒の持てる力を高める支援が重要である。そのために，行動分析学に基づいて学習の原理を理解しておこう。そもそも学習とは，日々

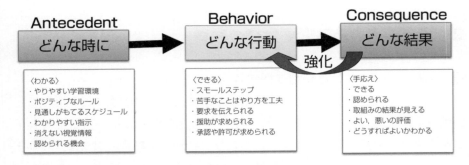

図10－1　児童生徒の持てる力を高める支援

の経験によって行動が変わることである。その学習には，行動した後の結果が大きく影響する。「ある状況（Ａ：Antecedent）」で，「ある行動（Ｂ：Behavior）」をしたら，「その結果（Ｃ：Consequence）」よいことが生じたり，嫌なことを避けられたりすると，その行動は強化され，続くようになる。そこで，児童生徒が望ましい行動を学べるようにするためには，図10－1のように，"わかる" "できる" "手応え" という３つの条件を整えればよいことになる[3]。

3 集団の中での支援

　発達障害のある児童生徒を含み，すべての児童生徒の教育を充実させるために，図10－2のような多層支援モデルが示されている[4]。これは，すべての児童生徒を対象とした支援を土台として，学級や授業の中で必要な配慮を行い，更に個別の支援を講じるという考え方である。それにより，児童生徒の失敗や不適応を防止し，行動問題を予防することが期

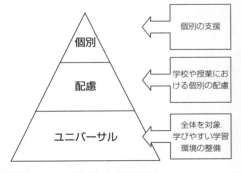

図10－2　予防的多層支援モデル
（Horner et al., 2005を参考に筆者作成）

待されている。

　土台となるユニバーサルな支援には２つある。一つは，学級や学校で大切にする望ましい行動を明確にし，その行動を教え，認める仕組みをつくるものである。これは，エビデンスのある支援方法（school wide positive behavior support）として世界的に普及している。もう一つは，発達障害の困難が生じないように，学習環境や教育方法を整備するものである。ルールの明確化，指示の簡潔化などの授業のユニバーサルデザインが示されている[2]。その上で，学級や授業における個別の配慮として，2017年告示の小学校学習指導要領解説[6]には，表10－2のような各教科における指導の工夫が示されている。

表10－2　各教科等における学習上の困難に応じた指導の工夫（国語の抜粋）

学習上の困難	指導の工夫
文章を目で追いながら音読することが困難	・どこを読むのかがわかるように教科書の文を指等で押さえながら読むよう促す。 ・行間を空けるために拡大コピーをしたものを用意する。 ・語のまとまりや区切りがわかるように分かち書きされたものを用意する。 ・読む部分だけが見える自助具（スリット等）を活用する。
自分の立場以外の視点で考えたり，他者の感情を理解したりするのが困難	・児童の日常的な生活経験に関する例文を示す。 ・行動や会話文に気持ちが込められていることに気付かせたり，気持ちの移り変わりがわかる文章の中のキーワードを示す。 ・気持ちの変化を図や矢印などで視覚的にわかるように示してから言葉で表現させたりする。
声を出して発表することの困難，人前で話すことへの不安	・紙やホワイトボードに書いたものを提示する。 ・ICT機器を活用して発表したりするなど，多様な表現方法が選択できるようにする。 ・自分の考えを表すことに対する自信がもてるようにする。

＊文部科学省（2017）：小学校学習指導要領解説より作成

3 連携・協働

■ 校内支援体制 ……………………………………………………

　発達障害のある児童生徒の教育は継続的に積み重ねる。そのための校内支援体制として，①校内委員会の設置，②実態把握，③特別支援教育コーディネーターの指名，④個別の指導計画の作成，⑤個別の教育支援計画の作成，⑥巡回相談員の活用，⑦専門家チームの活用，⑧特別支援教育の教員研修が求められている[6]。校内委員会は，校長が委員長となり，特別支援教育コーディネーターを中心として，教師が連携して対応する。支援の必要な児童生徒を把握し，できていることと難しいことを分析し，必要な支援を計画し，実行評価し，確かな支援に更新し，次年度に引き継ぐ。

■ 個別の教育支援計画・個別の指導計画 ……………………………

　担任が変わっても，教育の一貫性や継続性を担保するためのツールが個別の教育支援計画・個別の指導計画である。個別の教育支援計画は，中長期的な視点から，保護者の要望，関係機関との連携を踏まえて，教育的ニーズと必要な支援を記入する。個別の指導計画は，教科や学習活動のねらいに即して，必要な支援を記入する。押さえるべきは，①本人の強み（できていること，成長していること，好きなこと），②苦手なこと（いきなり否定されると興奮しやすいなど），③安全上の配慮（関心物があると，飛び出すなど）である。この支援計画は，通級による指導や特別支援学級，特別支援学校では作成する義務がある。通常の学級でも，校内で特別な支援を必要と判定した児童生徒には作成することが望ましい。それは学校として提供する合理的配慮となる。

❸　保護者との協力関係の形成 ･･････････････････････････････････････

　保護者は，発達障害について見通しをもっている場合から，情報をもたないでいる場合まで様々である。保護者の状況を理解し，寄り添うことがなによりも大切である。その上で，保護者とは，児童生徒の持てる力を高めるという目的を共有する。そのためには，日頃から児童生徒の頑張りや成長を伝え，どうすれば学びやすくなるかを共に探し考えるという姿勢が大切である。「授業参加が難しいから，見に来てください」と言われても，保護者にできることはない。教師が，どうすれば学びやすくなるかを分析し，その情報を保護者と共有することが重要である。

【文献】
1）中央教育審議会（2012）：共生社会の形成に向けたインクルーシブ教育システム構築のための特別支援教育の推進（報告）.
2）独立行政法人国立特別支援教育総合研究所（2009）：小・中学校における発達障害のある子どもへの教科教育等の支援に関する研究. 平成20〜22年度重点推進研究成果報告書.
3）平澤紀子（2019）：特別の支援を必要とする幼児，児童及び生徒の教育課程及び支援の方法. 平澤紀子編，特別の支援を必要とする子どもへの教育. ジダイ社，pp.50-65.
4）Horner, R. H., Sugai, G., Todd, A. W., et al., School wide positive behavior support. In L. M. Bambara & L. Kern (Eds.) (2005)：Individualized supports for students with problem behaviors: Designing positive behavior plans. Guilford Press, pp.359-390.
5）文部科学省（2012）：通常の学級に在籍する発達障害の可能性のある特別な教育的支援を必要とする児童生徒に関する調査結果について.
6）文部科学省（2017）：発達障害を含む障害のある幼児児童生徒に対する教育支援体制整備ガイドライン.
7）文部科学省（2017）：小学校学習指導要領解説.
8）太田俊己（2000）：発達障害. 小出進監修，発達障害指導事典. 学習研究社，pp.538-539.
【資料】
1）文部科学省：主な発達障害. 2020年7月14日閲覧. https://www.mext.go.jp/a_menu/shotou/tokubetu/004/008/001.htm

特別支援教育研究法

1 効果検証のためのデザイン入門

　ある政策の実行者が「検証はしていないが政策には一定の効果があると認識している」と答弁したとすると，おそらく多くの人が「説得力に乏しい」あるいは「証拠を示すべきだ」と思うはずである。本章は，このような賢明かつ明哲な感覚を"教育法／指導法の効果検証"に向け，そのために必要となる方法論について理解することを目的としている。

　今，指導の仕方について日々思い悩んでいる教師がいるとしよう。ある日，「指導法Aではなくて指導法Bだったら，もっと理解を促せるかもしれない」と考え，翌週の授業で指導法Bを用いた。すると，子どもたちの確認テストの出来は良かった（ように見えた）……。

　指導法Bは指導法Aよりも効果的だと言えるのだろうか。指導法Aを続けても同じ結果になったかもしれないし，子どもたちが指導法Bでよく理解できたのは，先に指導法Aを経験していたからかもしれない。どのようにすれば指導法Aと指導法Bの効果の違いを示すことができるのだろうか。

1 因果推論

　最も理想的なのは，指導法Aを実施する直前にタイムワープして，指導法Bを実施した場合の結果を得て，指導法Aでの結果と比較することである。「Aではなく，仮にBだったならば……」という"タラレバ"のシナリオのことを反実仮想（counterfactual）と呼ぶ。反実仮想による結果との比較は，効果に関する完全な証明になる。なぜなら，指導法の違い以外は完全に同一だからである。また，結果の違いを指導法の違いに帰属することができるという意味では，因果関係の証明でもある。このように，反実仮想を用いる方法は効果検証の方法として最も厳格であるものの，言うまでもなく実現不可能である。反実仮想における結果を入手できない以上，反実仮想の代替データが必要になる。

　因果関係や効果を明らかにする最も確実な方法はいわゆる"実験"である。専門的には"ランダム化比較試験（randomized controlled trial；以下RCTと略記する）"と呼ばれる。医療の文脈では"臨床試験"や"治験"という言い方もなされる。例えば，新型ウイルスに対する新薬の効果を調べる動物実験では，ウイルス感染したラットをランダムに2群に分け，投薬したラット（介入群）と非投薬のラット（対照群）について治癒効果を比較する。もし介入群の治癒率が対照群の治癒率（自然治癒）を上回っていれば，新薬に効果が認められたことになる。新薬が旧薬を凌駕する効果を有するかを調べる場合もRCTが用いられる。

　教育分野でも同様に，因果関係を示唆する科学的根拠に基づいた教育法や教育政策が重要視されるようになってきている[3]。一方で，教育法と呼ばれるものの中には，教師個人の体験に基づいた教育法や，因果関係がはっきりしない通説もあるのではないだろうか。人間が関わる以上，教育という営みにおいては，科学よりも経験を優先したり，場合によっては盲信したりしてきたという経緯もおそらくあっただろう。1990年代の"証拠に基づく医療（evidence-based medicine, EBM）"という推進運動以降，"証拠に基づく看護（evidence-based nursing, EBN）""証拠に基づく心理臨床（evidence-based psychological practice, EBPP）"へと波及し，欧米に限らず，わが国においても浸透してきている[2]。さらにこの波は経済学にも及び，時間とカネという有限のリソースを要する政策に効果があるのかを見定める"証拠に基づく政策形成（evidence-based policy making, EBPM）"として注目されている[1]（注1）。

　2000年代に入ってからは"証拠に基づく教育（evidence-based education, EBE）"の推進も始まり，今後加速していくと思われる[4]。RCTは効果や安全性などを因果関係として明らかにする重要な方法であり，実際の応用に対して重要な手がかりを提供するものである。

2 ランダム化 ···

　RCTでは，対象者を2群（目的によっては3群以上）にランダムに割り当てる（割り付ける）。ここで言う"ランダム"はデタラメという意味ではなく，いずれかの群への割り当てが等確率（偶然）であるという意味であり，このため"無作為"と訳される。この"ランダムな割り当て"こそが，反実仮想の代替として非常に重要である。この効用を知るには，ランダムな割り当てを行わない場合を考えてみると良いだろう。

　仮に男子を指導法Aに，女子を指導法Bに割り当てたところ，指導法Bの方が成績が良かったとしよう。これは指導法Bの効果を示しているのだろうか。女子の方が男子よりももともと学力が高かったのかもしれないし，指導法Bと女子という組み合わせが良かったのかもしれない（逆に，指導法Aと男子という組み合わせが良くなかったのかもしれない）。明らかに，性別という要因の存在が，指導法の効果を見極めるための決定力を削いでしまっている。この例からわかるように，割り当てにバイアス（偏り）があると，効果・結果に対する原因の所在，すなわち因果関係を不明確にしてしまう。ランダムな割り当ては，因果関係を示唆するための現実的な手続きである。

　また，ランダムな割り当てという観点は，数値やグラフを用いて結果を示せば客観性が直ちに成立するわけではないことにも気付かせてくれる。結果が平均値やグラフで示されていると確かにわかりやすくなるのだが，だからこそその読み取りに注意しなければならない。教育関係の雑誌に掲載されているグラフからある指導法の効果を感じ取り，「この指導法を自分の教室でも取り入れてみよう」と思うことがあるかもしれない。しかし，もともとのデータ収集にランダムな割り当てが実施されていなければ，その指導法を採用した際，期待したような効果が得られないだけでなく，無駄なコストも発生する可能性がある。グラフで示される効果の本質的な意味は，データがランダムな割り当てを経由して得られたものかどうかで決まるのである。

2　統計的に有意な考え方

■1　「統計的に有意」とは ………………………………………………………

　ランダムな割り当ては反実仮想の代替と言えるが完全な代替ではない。なぜなら，ランダムな割り当てでは対象者の同質性が保証されないからである。そのため，ランダムな割り当てを行ったとしても，例えば，指導法Ａと指導法Ｂのいずれかを受けた場合の成績の差は，偶然による誤差の範囲で解釈できてしまう余地が残る。

　厳密に言えば，この偶然性を排除することはできないのだが，科学的なアプローチにおいては，"観察された差が偶然の産物である確率" が５％以下であるときに "統計的に有意である（statistically significant)" と言い，"偶然以外の説明が必要となる意味のある差" と解釈するのが慣例になっている。一方，５％を超える場合は "統計的に有意でない" と言い，"観察された差は偶然に起きたものである" と解釈する。５％という値は，"偶然であれば20回に１回しか起きない確率" という意味だが，多くの科学領域ではこの値に "偶然とすれば稀なことが生じた確率" という役割を与えている(注2)。

■2　統計的分析 ……………………………………………………………………

　データが収集された後，統計的に有意かどうかを調べるために統計的分析が実施される。２群の平均値を比較する場合は t 検定と呼ばれる分析法が定番であるが，それについては心理統計などの他書に譲り，本章では特別支援教育研究の "実際" を鑑み，別の方法を一つ紹介する。

　その "実際" とは何か。それは，入手可能なデータがほぼ手近な参加者から得たものにならざるを得ないということである。言い換えれば，従来の分析法の前提である "母集団からのランダムサンプリング" を満たせないということである。これは，事実上，特別支援教育に限らない一般的な問題であ

るが，特別支援教育研究においてはサンプリングに特有の制限が伴いやすく，従来の分析法の適用が"誤用"となる恐れがある。このように，ランダムサンプリングについては近似すら困難である一方で，ランダムな割り当てという手段は実行可能である。

　今，ランダムな割り当てによって，指導法Aと指導法Bの各群のデータを得たとする。さらに，指導法Aと指導法Bの効果は等しい，あるいは差がないと仮定しよう。これを統計学では帰無仮説と呼ぶ（効果が異なるとする仮説は対立仮説と呼ぶ）。この帰無仮説が正しいとすると，各参加者はどちらの群に割り当てられようとも，同じ測定値を生むはずである。このとき，ランダムな割り当ては，各群で得られるデータの組み合わせだけを変える役割を果たし，更に，どの組み合わせも出現する確率は等しくなる。また，各組み合わせで生じる2群の平均値の差を計算することができ，実際に観察された2群の平均値の差は，帰無仮説を前提とした場合に得られる結果の一つとみなすことができる。このようなランダムな組み合わせを多数回行うと，生じうる平均値の差の出現頻度に関する分布（ゼロを中心とし，ゼロから離れるにつれて出現頻度が小さくなる分布）が得られる。この分布を利用して，実験で観察された差が偶然に生じる確率を計算する。それが5%以下ならば

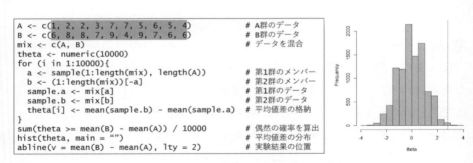

```
A <- c(1, 2, 2, 3, 7, 7, 5, 6, 5, 4)      # A群のデータ
B <- c(6, 8, 8, 7, 9, 4, 9, 7, 6, 6)      # B群のデータ
mix <- c(A, B)                            # データを混合
theta <- numeric(10000)
for (i in 1:10000){
  a <- sample(1:length(mix), length(A))   # 第1群のメンバー
  b <- (1:length(mix))[-a]                # 第2群のメンバー
  sample.a <- mix[a]                      # 第1群のデータ
  sample.b <- mix[b]                      # 第2群のデータ
  theta[i] <- mean(sample.b) - mean(sample.a)  # 平均値差の格納
}
sum(theta >= mean(B) - mean(A)) / 10000   # 偶然の確率を算出
hist(theta, main = "")                    # 平均値差の分布
abline(v = mean(B) - mean(A), lty = 2)    # 実験結果の位置
```

図11−1　並べ替え検定のRプログラムの例

ランダム割り当てを仮想的に10000回行い，平均値の差を10000個求める。その中で，観察された平均値の差が偶然に生じる確率を表示し（この例では約0.3%），平均値の差の分布（右）を表示する（点線は観察された平均値の差の位置）。このプログラムを利用する際は，網掛け内のデータを書き換えて実行すればよく，各行の＃以降は説明（コメント文）であるため，入力する必要はない。

「統計的に有意である」と判断し，例えば，「指導法Bの方が指導法Aよりも効果がある」と結論することになる。以上の分析方法は，並べ替え検定（permutation test）と呼ばれるものであり，多数の組み合わせを計算しなければならないため，分析の実行には統計ソフト，例えば，図11－1のようなフリーウェアRを利用する必要がある。

3　証拠に基づく教育に向けて

　本章では，特別支援教育における効果研究のための基礎的な方法論として，RCTという手続き及び適切な分析方法について述べた。施策に科学的な根拠が求められる時代とはいえ，医療分野と異なり，教育分野ではRCTの実施に対する強い抵抗が未だにあるように思われる。しかし，根拠が明白でない通説的な方法を用いることもまた倫理的に問題であり，極論すれば，RCTを実施しないという選択こそ非倫理的であると言えるかもしれない。もちろん，実験の目的やリスクについて十分に説明して同意を得るという手続き（インフォームド・コンセント）を保護者や児童生徒本人に行うことを徹底するなどの倫理面も重要になる。倫理的配慮を伴ったRCTが実施できる環境が醸成されていくことが強く望まれる。

【注】
(1) 2019年のノーベル経済学賞は，これまで明確な根拠を伴わなかった多くの貧困対策プログラムの有効性／無効性をRCTによって明らかにした貢献が認められ，Abhijit Banerjee, Esther Duflo, Michael Kremerの3氏に授与された。
(2) 5％を「小さい確率」あるいは「稀な状態を表す確率」と定めることに客観的な根拠はない。例えば，「事故での生存確率が5％」ならば小さい確率と感じられる一方，「飛行機が墜落する確率が5％」ならば小さい確率とはとても思えないだろう。5％という基準は科学領域における単なる約束事にすぎない。

【文献】
1) Duflo, E., Glennerster, R., & Kremer, M. (2008) Using randomization in development economics research: A toolkit. Elsevier. 小林庸平監訳・石川 貴之・井上 領介・名取淳訳 (2019), 政策評価のための因果関係の見つけ方—ランダム化比較試験入門. 日本評論社.
2) 原田隆之 (2015)：心理職のためのエビデンス・ベイスト・プラクティス入門—エビデンスを「まなぶ」「つくる」「つかう」. 金剛出版.
3) 岩崎久美子 (2017)：エビデンスに基づく教育—研究の政策活用を考える—. 情報管理. 60 (1), 20-27.
4) 守一雄 (2019)：教職課程コアカリキュラムに対応した教育心理学. 松本大学出版会.